他愛傷了 你卻什麼都不知道

你的完美安排，不能成為孩子的未來

洪春瑜，才永發 著

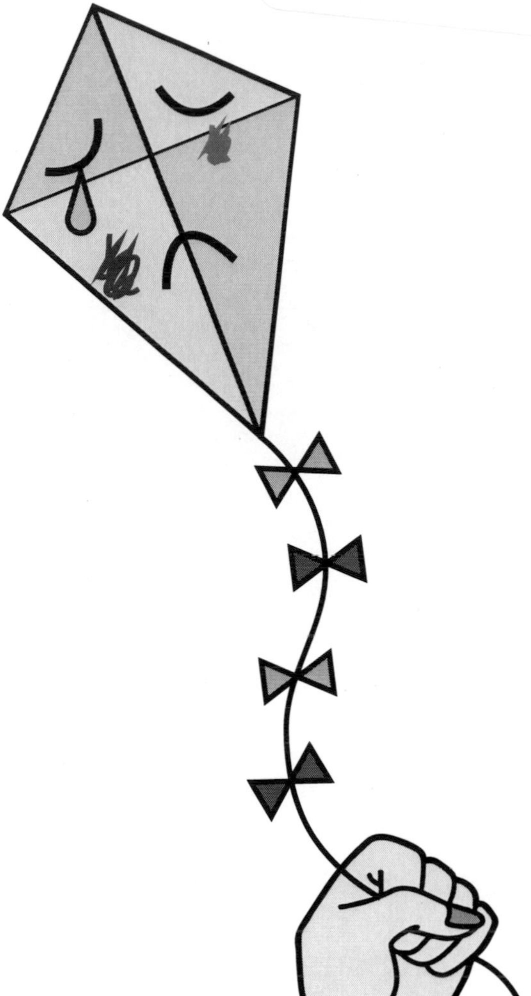

一旦你能說出自己思考的，而不是別人為你想好的東西，
那就說明你正在成為一個了不起的人。
——詹姆斯．馬修．巴利（James Matthew Barrie）
生活裡沒有書籍，就好像沒有陽光；
智慧裡沒有書籍，就好像鳥兒沒有翅膀。
——莎士比亞（Shakespeare）

崧燁文化

目錄

目錄

目錄

第六章 技巧——非標準方法所贏得的

前言

父母是孩子的第一任老師，良好的家庭教育在人的一生中占有至關重要的地位。怎樣教育好今天的孩子已成為眾多父母乃至整個社會的關注焦點，教子成才更是為人父母者的一大人生目標。

應該說，子女的健康成長是十分重要的。在他們成長的階段，父母要教他們學會求知、學會做事、學會審美、學會創造，尤其重要的是要教他們學會做人，這是最根本的。

本書精選古今中外多位有代表性的著名思想家、教育家、藝術家、軍事家、政治家、企業家，如王羲之、錢玄同、梅蘭芳、李嘉誠、瑪麗亞·斯克沃多夫斯卡（舊譯居禮夫人）、海明威、畢卡索、雨果等良好的教育方法、成熟的教育思路、獨到的心得體會，以及成功的教育經驗，將它們呈現給所有想有一個好孩子的父母和所有想成才的孩子。

榜樣的力量是無窮的。我們在本書中細緻描繪了眾多名人如何在家庭瑣事、生活細節中身體力行，如何在為人處世、求知行事的過程中循循善誘，如何在孩子面臨困難的挫折時與之攜手走過，以及如何用他們的勤勞和智慧去構築一個充滿陽光的家園。本書將引領我們在不同名人的生活中，在不同歲月的歷史裡穿行，去感觸這些傑出人物背後那些偉大的人性之美，去捕捉那些閃耀在他們身上的父母之愛。

本書一改市場上家教圖書的寫作模式，抓住讀者希望掌握具體的成功教育方法的心理，跳出過去一些教子書的窠臼，著重在探討中外名人教子的成功方法和經驗。每個經典教子篇都包括：名人簡介、名人教子故事、育子點撥、教子小徑、名人教子名言等五個部分，分別從心態、性格、細節、溝通等多方面加以闡述，並針對現代家庭中子女教育的現實問題提供了一些方法和建議，供各位家長參考和借鑑。

全書內容翔實，簡潔生動，新穎別致，趣味性強，融知識性、啟發性和實用性為一體，家長可從這些小故事中獲得啟迪和教育，相信它將成為父母教子成才的有益讀本。

各位家長，孩子的教育不能等待，因為孩子的成長不能重來！相信您透過本書，孩子成長的現狀將會得到很大的改善和提高。

第一章 心態——在生活的點滴中尋求美感

儘管對每一個個體的生命來說，僅是紅塵中一顆微不足道的塵埃，但作為生於社會之中的人，應有所為，用一種始終向前的姿態，以積極的精神，以樂觀豁達的心態，實現自己設定的人生目標，體味人生的真諦，做一個實實在在的人。

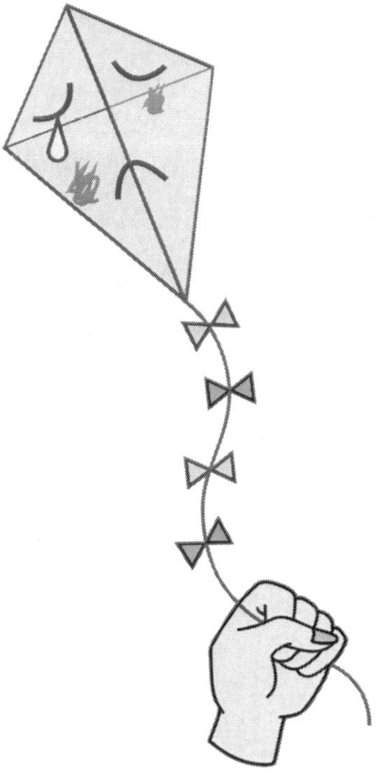

于謙——「莫負青春取自慚」

于謙簡介：

于謙（西元一三九八至一四五七年），明錢塘（今浙江杭州）人，字廷益，號節庵。永樂進士，宣德初授御史，曾隨宣宗鎮壓漢王朱高煦之叛。出按江西，頌聲滿道。宣德五年（西元一四三〇年），以兵部右侍郎巡撫河南、山西。十四年土木之變，明英宗被瓦剌俘獲，他力排南遷之議，堅請固守，進兵部尚書。代宗立，整飭兵備，部署要害，親自督戰，率師二十二萬，列陣北京九門外，破瓦剌之軍。加少保，總督軍務。也先挾英宗逼和，他以社稷為重君為輕，不許。也先以無隙可乘，被迫釋放英宗。他憂國忘身，口不言功，自奉儉約，所居僅蔽風雨，但性固剛直，頗遭眾忌。天順元年（西元一四五七年）英宗復辟，石亨等誣其謀立襄王之子，被殺。成化初，復官賜祭，弘治二年（西元一四八九年）諡肅湣。萬曆中，改諡忠肅。有《于忠肅集》。

于謙教子故事：

明代民族英雄于謙在擔任山西巡撫時，有一次忽然接到家書，其中說幾天後就是他長子于冕的十三歲生日，希望他有所表示。于謙看了這封信後才想起，上次家中來信已經提及此事，只因自己政務倥傯，竟把這件事忘記了。當時于冕不在他身邊，而隨祖父祖母在錢塘老家居住。怎樣祝賀兒子的生日呢？

第一章 心態——在生活的點滴中尋求美感

于謙——「莫負青春取自慚」

他想來想去，最後決定寫一首詩，來告誡兒子努力上進，不要辜負青春年少的大好時光。這詩寫道：

阿冕今年已十三，耳邊垂髮綠鬖鬖。
好親燈光研經史，勤向庭闈奉旨甘。
銜命年年巡塞北，思親夜夜想江南。
題詩寄汝非無意，莫負青春取自慚。

于冕很快收到了父親的詩和信，他讀後非常高興，決心按照父親的教導去做，認真研讀經史，孝敬祖父祖母，不虛度年華。

後來，于冕被授職副千戶，于謙也調進京城，任兵部侍郎要職。

在「土木之變」發生之前，原都督石亨因過錯被削職。「土木之變」後，于謙受命組織抵抗，他向朝廷推薦石亨，石亨因此而受命指揮五軍大營。石亨根據于謙的部署，在德勝門外打敗了瓦剌軍的進攻，因此被封為世襲侯爵。當石亨知道自己的功勞小於于謙，而于謙反而未得封侯時，即上書皇帝推薦于冕，要求將于冕調進京師，給予高官厚祿。

于謙得知後，堅決不同意。他向皇帝說：「目前正值國家多事之秋，做臣子的如果深明大義，在此時刻是不會顧念個人利益的。」接著于謙又批評了石亨，他說：「石亨身為大將，不去舉薦那些埋沒在民間的人才，提拔那些行伍中的志士，而單單推薦我的兒子，這樣難道是公平的嗎？」最後于謙鄭重的說：「我對於因功受賞這件事，向來堅決反對投機取巧，拉裙帶關係，我絕不敢因我兒子的事而破壞了國家的法度。」景帝尊重于謙的意見，沒有為于冕加官晉爵。

于冕知道這個消息後，開始有些想不通，但後來他想起祖父祖母所講的祖上和父輩的事蹟，終於意識到父親這樣做是完全正確的。原來，于家世世代代以「忠於社稷」的愛國思想傳家，形成了優良的家風。于謙的祖父和父親都是具有濃厚的愛國思想的讀書人。他的祖父于文十分崇敬南宋的抗元英雄文天祥，家中供有文丞相的遺像，藏有文丞相的遺詩遺文和有關書冊。他不但自己學習文天祥，而且經常向子孫講述文天祥的愛國故事。生活在這種環境中的于謙，不但自幼養成了刻苦學習的好習慣，而且培養了強烈的愛國情感。

少年時期的于謙極為仰慕文天祥寧死不屈、捨生取義的高尚節操，他說：「文天祥的胸懷可以擁抱河山，精神可以感動天地。」他在牆上掛上文天祥的遺像，並題詞讚頌：「孤忠大節，萬古修傳，我瞻遺像，清風凜然。」他決心以這位英雄為楷模，為國家獻出一切。

十七歲時，他寫詩〈石灰吟〉表達自己的抱負和高尚氣節，詩中說：

千鑿萬擊出深山，烈火焚燒若等閒。
粉身碎骨全不怕，要留清白在人間。

後來這首詩廣為流傳，成為一切有志於社稷興複的愛國者的座右銘。

這些情形，于冕早就從祖父祖母那裡聽到過，在他幼小的心靈中留下了深刻的印象；現在又想起這些情形，父親的高風亮節和熾熱的愛國熱情再次使他感動，他決心像父親那樣，做一個終生清白的愛國者。

育子點撥：

有人說過，教育孩子的過程就是教育自己。也就是說，人生應該活得有意義，有一個積極上進的良好心態，這樣，當你回首往事的時候，不因虛度年華而悔恨，不因碌碌無為而羞恥。要像于謙一樣為兒子做出一個榜樣，才更有資格教育自己的孩子。否則，做父母的自己都沒做好，孩子是肯定不會聽的。

下面是一位母親給兒子的信，相信做父母的讀完後會有一定的啟發。

孩子，爸爸媽媽也從你這個年齡走過。那時，我們早已奔赴國家的邊疆。我們是多麼盼望能早日返回學校，完成我們的學業啊。為了實現這一夢想，我們不懈的奮鬥多年！每當我聽到「要減輕學生負擔」的呼籲時，孩子，媽媽說句心裡話：「你們真是身在福中不知福！」人常常是在失去什麼以後才會珍惜它。你們現在能坐在教室裡，聆聽老師的諄諄教導，責無旁貸的學習。這一情景真讓我們這一代人打從心底羨慕。孩子，媽媽知道你累，知道你困，也知道你是多麼愛踢球，愛游泳，更知道你多麼想痛痛快快的看幾本最喜歡的武俠小說，這對青春年少的你都不過分。然而，媽媽把這一切都無情的限制了，常常叮囑你少玩會兒，希望你好好讀書天天進步。孩子，並不是我們這些做父母的都在「望子成龍，望女成鳳」，媽媽只是希望你能睜開眼睛看世界，看看我們所處的競爭激烈的社會，「知識就是力量」、「科學技術就是生產力」將得到前所未有的印證。你今天苦一點，累一點，多付出一點，就能夠多學一點，就能把基礎打牢一點，只有這樣，才能有實力面對篩選。孩子，古人曾「頭懸梁、錐刺股」，在現代文明的今天，媽媽希望你早立志，早成材。十年樹木，百年樹人。要想不碌碌無為的混過一生，就要珍惜生命，努力學習，莫負青春好年華。

父母可以在適當的時機告誡孩子不要虛度年華。孩子可以有想法，但是要導正他們，不讓他們沉淪在其中，並強調：待在原地想是沒有用的，只有樹立良好的心態並付諸行動，才有機會不使將來的自己後悔。

教子小徑：

1. 在孩子的生日時送上一些有意義的禮物，比如，可以在禮物的包裝裡面寫上一些生活的箴言。
2. 當孩子得到一些虛名時，應及時告誡孩子丟掉虛名，使他們明確只有經過奮鬥得來的成績和名譽才是值得驕傲的。

名人教子名言：

今天所做之事，勿候明天；自己所做之事，勿候他人。要做一番偉大的事業，總得在青年時代開始。

——歌德（Goethe）

時間是最公平合理的，它從不多給誰一份，勤勞者能叫時間留下串串的果實，懶惰者時間留予他們一頭白髮，兩手空空。

——高爾基（Gorky）

羅斯福——不讓兒子養成鋪張浪費的習慣

羅斯福簡介：

富蘭克林·德拉諾·羅斯福（Franklin Delano Roosevelt，西元一八八二至一九四五年），美國總統，民主黨人，西元一八八二年一月三十日誕生於紐約一豪富家庭。一九〇〇至一九〇七年先後在哈佛大學、哥倫比亞大學學歷史、政治和法律。大學畢業後曾任律師。一九一三年任海軍助理部長七年。一九二八年任紐約州州長。一九二九年美國爆發嚴重的經濟危機，他提出「要為美國人民實行新政」的綱領，博得資產階級的讚賞和部分群眾擁護。一九三三年三月就任美國第三十二屆總統，並實行「羅斯福新政」，以解決經濟危機。第二次世界大戰爆發後，制定《租借法案》，支持英法反對法西斯。一九四一年日本偷襲珍珠港後，宣布美國正式參加反法西斯戰爭。一九四四年第四次連任總統。

羅斯福教子故事：

羅斯福總統在治國上是一個很有作為的領導人，把美國建成一個完全法治的國家；他在對子女的教育上也是一個依法治家的好典範。

一次，羅斯福的一個孩子開車上街，因為違犯交通規則被員警扣留，並把他帶到法院去受罰。可是當法官得知他是總統的兒子時，沒有處罰他，還請他到自己家裡去吃飯。兒子回家以後，把這件事情當成「有趣的奇遇」講給父親聽。羅斯福聽了以後十分生氣，嚴肅指出這件事情沒有什麼值得稱讚的可愛之處。並批評兒子缺乏公民責任感和守法意識，要求他立即去交通執法處交納罰鍰。

羅斯福的兒子吉米，在讀大學期間，曾有一次和同學結伴到歐洲旅行。在歐洲，他用旅費買了一匹馬，想騎馬旅行替商家打廣告。為此，他打電報給父親，要求寄錢讓他回家。他在電報中說，這是一項很好的投資，他將騎馬去冒險，替家裡賺一大筆錢。羅斯福得悉後沒有寄錢給兒子，而回了這樣一封電報：「吉米、來電收知，『祝賀』你做了一筆一本萬利的投資，若失利，我建議你游泳回美國來！」吉米接到這封幽默而嚴詞的電報後，知道父親不同意自己的做法，他很快就改變了原來的「奇思妙想」，賣掉了馬匹，和同伴一起乘船回到了美國。

羅斯福之所以不願意寄錢給吉米，不是吝惜錢，更不是沒有錢，而是不願讓兒子養成鋪張浪費的習慣，不願兒子見利忘義誤入歧途。

育子點撥：

身為總統，能做到對兒子遵紀守法的嚴格管制，確實值得人佩服，也為現代的父母樹立了榜樣。

近年來，未成年犯罪率急劇上升。並趨向低齡化。青少年犯罪成了一個令人關注的社會問題。許多走上犯罪道路的青少年對法律一無所知。

某中學七八名學生結成一個竊盜集團，多次入戶行盜，罪行十分嚴重。當他們在法庭上被問及自己犯了什麼罪時，卻說不知道，並聲稱偷竊是出於好奇，想試試自己的能耐。

從這個案例中可以看出，青少年犯罪有一個共同點，即他們不知法、不懂法。當然，司法機關不會因為他們不懂法而不予追究，不懂法並不能減輕他們的罪過，當他們受到了法律的制裁時才追悔當初不該不學法、不守法。以致觸犯了法律，受到了處罰。讓青少年罪犯在鐵窗高牆之下懷著懺悔之心開始真正學習法律，實在是老師、家長及社會工作者的失職。要知道，制止犯罪，懲治只是「揚湯止沸」，教育才是「釜底抽薪」。

青少年為什麼要學習法律知識，接受法制教育呢？因為法律跟我們每個人都有著密切的關係，每一個人的一生始終離不開法律。《兒童及少年福利與權益保障法》、《國民教育法》、《民法》、《刑法》始終伴隨著我們。可見，每個人都生活在法律的保障和約束之下，生老病死、衣食住行都和法律有著密切的關係。守法就成了每個公民，包括每個孩子應具備的基本素養。因此，從青少年時期開始接受法制教育，對於一個人的成長就顯得十分必要。

身為家長和父母，如何對孩子進行法紀教育呢？應注意下面幾點：

第一，在現實生活中，家庭如果存在以下幾種不良因素的影響，容易導致孩子犯罪，值得家長特別注意。

(1)家庭環境不好。或者父母離婚，孩子缺乏家庭溫暖；或者父母本身有犯罪行為；或者父母只顧賺錢，無暇顧及子女的教育，如此等等。這類家庭的子女一旦學壞，由於不易被發覺，時間一長可能就會更嚴重。

(2)家庭教育中，教育方向的扭曲和教育方法的不當。前者如要求孩子向錢看，後者如對孩子過於溺愛或過於苛求等，都會使孩子的人格中產生自私、貪婪、暴力等不良傾向。有的家長對於孩子違反了行為規範或法律而得到好處時，他們竟用精神和物質的手段給予鼓勵；而受到懲罰時，他們又極力寬容和袒護子女的缺點、錯誤，只是教孩子以後不要被抓住。

(3)家風不正，父母不良行為的影響。有的家長思想偏激，性格殘暴，舉止粗魯，動輒惡語傷人；

有的家長行為不檢，酗酒、賭博等等，凡此種種，無異於以行動教唆子女，使孩子長期耳濡目染，潛移默化，從而養成種種惡習，影響孩子的健康成長。

由此可見，一個和睦、遵紀守法的家庭，家長及成員水準較高，不僅有利於子女成長，也可避免子女違法犯罪。並不是說孩子的不法行為的責任全在家長，但是孩子發展到違法的地步，家長總是有責任的。家長及主要成員必須以遵紀守法的模範行為當子女的表率，以良好的家風薰陶子女。

第二，引導他們進行有益身心健康的活動。要關心孩子心理、意志和品格的培養，引導他們進行有益身心健康的活動，防止孩子抽菸、酗酒、流浪以及聚賭、吸毒等。

第三，防止和糾正孩子的不良交往。不良交往是導致孩子後進甚至違法犯罪的一個重要因素。不良交往會相互影響、交流、傳授不良行為，甚至教唆違法行為。據相關部門對青少年犯罪動機的調查顯示，青少年由於朋友的慫恿、「激將」引發犯罪的比例最大。因此家長要特別注意，引導子女多交在品學上超過自己的朋友，發現有不良交往要採取適當的方式教育他們斷絕往來，對此，絕不能掉以輕心。

第四，配合社會進行法制宣傳教育。家長要主動及時的配合社會的法制教育和執法實踐。如社會上開展嚴厲打擊重大刑事犯罪活動；報刊上關於違法犯罪的典型事件及執法過程的報導；家庭周圍出現的違法事件；孩子接觸到的包括影視或耳聞目睹涉及法律問題的事件等等。家長應利用這些資源，採取通俗易懂、生動形象、孩子喜聞樂見的形式，具體宣傳法律知識。培養子女的法制觀念和守法習慣。學會按照法律的要求去分析、判別各種社會現象，從而決定自己贊同什麼，反對什麼。

第五，介紹和講解法律知識。有條件的家長可以在《憲法》、《國民教育法》、《兒童及少年福利與權益保障法》、《環境基本法》、《社會秩序維護法》等法規中有針對性並系統的向子女介紹法律知識、講解法律條文。從而使孩子掌握一點相關的法律知識，認清什麼是合法什麼是非法的，明確什麼是該做什麼是不該做的。

總之，正因為孩子年紀尚小，接受新事物能力強，是進行法制知識教育的適當起始時機，我們更應該讓孩子從小養成學法、知法、守法的好習慣。

教子小徑：

1. 羅斯福總統對自己孩子無視交通法規的行為給予了嚴厲的批評，並讓他立即去繳納罰鍰。
2. 對於孩子去旅行，用旅費買馬而要求父親寄錢的舉動，羅斯福用幽默而嚴詞的電報拒絕了，他不願兒子見利忘義誤入歧途。也藉此培養他們正確的金錢觀念。

名人教子名言：

在法律上侵害他人的權益就會受到處罰，在道義上，只要打算侵害就是有罪。

羅斯福——不讓兒子養成鋪張浪費的習慣

法律，它支配著地球上所有人民的每個場合，它就是人類的理性。

——康德（Kant）

——孟德斯鳩（Montesquieu）

秩序意味著光明和安寧，意味著內在的自由和自我控制；秩序就是力量，……秩序是人類最大的需求，是真正的幸福所在。

——阿米爾．哈姆扎（Amir Hamzah）

第二章性格——個人完善自己的根本

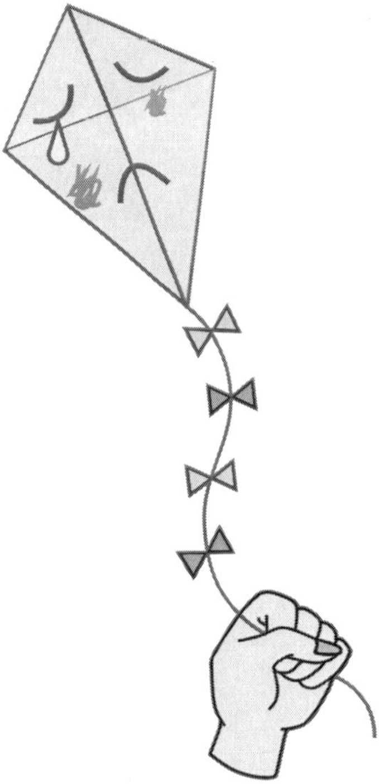

對孩子來說，父母所有的喜歡都應該有著一個明確的方向，那就是把孩子培養成為一個優秀的人。培養一個優秀的人的關鍵是注意培養他的性格，而並非培養他的學問。在培養性格時最重要的一點是培養孩子的獨立性，培養孩子的生存能力。

王羲之——「要和外睦內，敦厚謙讓，才得光前裕後。」

王羲之簡介：

王羲之（西元三〇三至三六一年），字逸少，東晉琅琊臨沂人。他的家族是晉代屈指可數的豪門大士族。王羲一出仕便為祕書郎，後為庾亮的參軍，再遷寧遠將軍、江州刺史，最後做到右軍將軍、會稽內史。所以人們又稱他為「王右軍」。王羲之從小愛好書法。幼年時他曾跟隨姨母，著名的女書法家衛夫人學過書法。渡江後，他又學習了前輩書法大師李斯、曹喜、張芝、張昶、蔡邕、鍾繇和梁鵠等人的書法。這使他的書法融合各家所長，自成一家。王羲之的書法刻本很多，像《樂顏論》、《黃庭經》、《東方朔畫贊》等楷書作品，在中國古代書法史上都占有重要位置。《蘭亭序》是王羲之最著名的代表作。它被譽為法貼之冠，被各代名家悉心鑽研。王羲之還善於繪畫，是歷史上比較早的兼精繪畫的書法家之一。

王羲之教子故事：

王羲之出身士族，初任祕書郎，繼而升任寧遠將軍、江州刺史。後辭去官職，定居會稽山陰（今浙江紹興）。他為官清正廉明，愛護百姓，對自己兒子的教育是非常嚴厲的。

有一次，王羲之與好友許玄度到奉化一帶採藥、遊覽。住在一個小客棧裡，聽到當地有兄弟倆為奪資財，動輒鬥毆，以致殺人，受到法律制裁，被處死刑。

第二章性格——個人完善自己的根本

王羲之——「要和外睦內，敦厚謙讓，才得光前裕後。」

王羲之看了處決榜文後，臉色沉重，若有所思的對許玄度說：「此二子殘忍如此，不知我後輩日後如何？」回家後把兒子叫到跟前，將這一耳聞目睹之事，詳細的講給兒子聽。隨後命家人拿來文房四寶，工整的寫下了「敦厚謙讓」四個大字。

兒子圍觀著，但不知父親所寫這四個字的用意，紛紛要求解釋。王羲之語重心長的說：「敦厚者，莊重樸實也；謙讓者，厚人薄己也；為人處世，以德為本，人和為貴，遇事應退讓三分。你們可記得『讓棗推梨』的故事嗎？」

「我們記得，去年您不是講過嘛！」兒子齊聲回答。王羲之微微一笑，說：「對，你們要學王泰讓棗、孔融推梨的精神，有一味之甘，分而食之。兄弟之間，本同血肉，情如手足，要和外睦內，敦厚謙讓，才得光前裕後。若如彼等逆畜，則人所不齒，遺臭萬年。切記，切記！」

接著，王羲之叫兒子把「敦厚謙讓」四個字拿去臨摹，並要求每人每日臨一字，每字寫五遍，要求兒子將這四個字牢牢記在心中。

後來，王羲之的兒子在嚴父的教育下，個個虛心、勤奮、節儉，成了有用之才。大兒子王獻之寫得一手好字，在當時和後代影響很大，與王羲之齊名。歷史上並稱為「二王」。

育子點撥：

王羲之的教子用心可謂良苦！他將從外面看到的真實事情講給兒子聽，以警示他們為人要敦厚謙讓，並寫下「敦厚謙讓」這四個大字，讓兒子臨摹，以使其將此訓導牢記心間，又再三告知：只有敦厚謙讓、和外睦內才能光前裕後，否則將遺臭萬年。

在某報刊上看到這樣一則報導：一位老先生懊悔的說：「兒子小時候就十分調皮，有時爬到鄰居家屋頂把電視機天線拔掉，有時跑到房間裡面放鞭炮，而我又是一個脾氣暴躁的人，平時工作壓力也很大，所以一見到兒子這些荒唐的行為就狠狠的打他罵他。」老先生又說，小孩子調皮很正常，但身為家長應該加以引導而不是粗暴壓制，孩子幼小的心靈是需要被保護的。他說現在看到別的家長打罵孩子他都忍不住要阻止。

這位老先生的兒子曾經是一個有很大抱負的人，曾經立志要上國外知名大學，但現實是他的學習成績總處於下游，他的自信心受到打擊；在鄉下唸國中的時候又經常受到不良少年的敲詐威脅，他的自尊心又受到傷害；回到家中，父親總是劈頭蓋臉的打罵。慢慢的，他的心靈開始封閉，直到外人無法走入。

其實孩子都是有幻想的，關鍵看怎麼引導，不能不分青紅皂白就打擊。那位老先生的兒子經常買書卻從來不看，要學電腦可是只會打字，要做生意可是又差點落入老鼠會，還買來不少彩券的書研究，可是沒有一點效果。對於兒子的這些幻想，老先生的態度一直是「粗暴的打擊」。老先生眼眶泛淚的說：「現在想來，這樣是不應該的，這孩子比誰都更需要我的細心呵護啊！」

第二章性格——個人完善自己的根本

王羲之——「要和外睦內，敦厚謙讓，才得光前裕後。」

從孩子懂事開始，就表現出對周圍人評價的高度敏感。此時父母的道德水準顯得格外重要。父母們按照正確的道德規範對孩子肯定與否定、讚賞與懲罰，會使孩子將其逐漸內化為某種道德情感，對自身的言行或者產生自尊心、正義感、自豪感，或者產生自責、內疚、悔恨等情緒。如果父母引導失誤，在孩子幼小的心靈上打下扭曲的烙印，便會使孩子產生錯誤的道德評價，混淆善與惡、美與醜、榮與辱，進而產生失范、越軌行為。也就是說，從小讓孩子知道什麼是好的，會受到周圍人的表揚，什麼是壞的，會受到他人譴責。這才是為人父母教育孩子的基本準則。

教子小徑：

1. 將生活中正面或反面的事情講給孩子聽，從而引導孩子怎樣做是正確的，怎樣做是錯誤的。
2. 適時強調一些做人的基本準則，比如友善、謙虛等等，使孩子內心產生好的影響。

名人教子名言：

要修養被尊敬的人格，需經過長時間的被信任，但人格破產只需要做錯一件事。

——王永慶

要想成為有教養的人，就應當運用自然的稟賦和實踐，此外還宜於從少年時就開始學習。

——普羅達哥拉斯（Protagoras）

謙讓是身體的良心。

——巴爾札克（Balzac）

蘇軾——「研究學問、考證事物，必須實地考察求實。」

蘇軾簡介：

蘇軾（西元一〇三七至一一〇一年），字子瞻，號東坡居士，四川眉山人。北宋著名政治家，思想家，文學家。蘇軾一生經歷了北宋仁宗，英宗，神宗，哲宗，徽宗五朝。他初入仕途，蘇軾雖主張改革，反對因循守舊，打壓豪強，但不同意王安石的變法理論，蘇軾認為「欲速則不達」，建議神宗皇帝不要「求治太速，進言太廣」。由於這些意見和建議遭到變法派的反對，蘇軾被迫外調，先任通判杭州，之後又做過密州、徐州、湖州等地的知州。在他為官之處，注重了解民情，關心百姓的生產和生活，所到之處都受到人民的擁戴和熱愛。蘇軾是繼歐陽脩之後宋代古文運動的領袖，散文作品留存至今約四千餘篇。他的重大貢獻在於和歐陽脩一起建樹了一種穩定成熟的散文風格，世稱「歐蘇」。他的詩清新自然，逢源自始，似信手拈來，亦莊亦諧，大巧若拙，題材廣闊，內容豐富，風格多樣化，是宋詩走向成熟的標誌。

第二章性格——個人完善自己的根本

蘇軾——「研究學問、考證事物，必須實地考察求實。」

蘇軾教子故事：

北宋文學大家蘇軾不僅為文汪洋恣肆，明白通暢，在家庭教育上也別具一格。散文名篇〈石鐘山記〉就是他「教子求實」的佐證。

宋神宗元豐二年（西元一〇七九年），蘇軾因作詩「謗訕朝廷」罪貶謫黃州（今湖北省黃岡市）擔當團練副使。這是一個閒差，四十三歲的蘇軾得以有空經常與長子蘇邁一起讀書作文，說古論今。有一天，父子倆不知怎的竟談到了鄱陽湖畔石鐘山的名稱由來。蘇邁從《水經注》等古書中找出許多說法，如「下臨深潭，微風鼓浪，水石相搏，聲如洪鐘」，「得雙石於潭上，扣而聆之，南聲函胡，北音清越，止響騰，餘音徐歇」。對這些說法，蘇軾都覺得是牽強附會，實不可信。蘇邁想找其他書，蘇軾阻止了他：「不用找了。大凡研究學問、考證事物，切不可人云亦云，或者光憑道聽塗說就妄下結論。看來，石鐘山這個問題，還必須實地考察求實才能解決呢！」

「石鐘名稱由來」這一問題，在蘇軾父子倆的心中一懸就是五年，一直到元豐七年（西元一〇八四年）才有了解決的機會。是年六月初九丁丑日，蘇邁到饒州德興縣（今江西省鄱陽湖東）擔任縣尉，四十八歲的蘇軾送他到湖口，順便帶著蘇邁一起考察石鐘山。白天，廟裡的和尚叫一個小童拿著斧頭，在亂石間挑了其中的一兩塊石頭來敲打，父子倆當然不相信。

月光明亮的當晚，父子倆乘著小舟來到山的絕壁下，沿著山腳尋找。尋到一個地方，只聽見一陣陣清暢高揚的聲音，如鐘鼓不絕，原來，這裡的山腳下遍布石竅，大小、形狀、深淺各不相同。它們不停的受到波濤撞擊，所以才發出各種不同的音響，宛若周景王的無射鐘，魏莊子的歌鐘，龐大樂隊中的鐘鼓齊鳴一般……父子倆此刻終於恍然大悟：這才是「石鐘」名稱的由來啊！

隨後，蘇軾又藉由父子倆同探石鐘山這件事，諄諄告誡兒子蘇邁：「『石鐘』名稱由來，此事本不難明白，只須實地考察就行了，由於一般人不肯去下這工夫，寧願到書本裡去尋找答案，而淺薄的人又往往附會一些莫名其妙的東西來解釋，最終以訛傳訛，使本不難明白的事千百年來不得明白。你應當切切記住，『事不目見耳聞，而臆斷其有無』，是不可能找到正確答案的！」

為讓兒子更深刻的理解「求實」的重要性，蘇軾又提筆撰文。於是，蘇邁乃至後人就讀到了出自蘇軾筆下的名篇〈石鐘山記〉。

育子點撥：

蘇軾對兒子蘇邁的教育方式可謂奇特！指出大凡研究學問，考證事物，不可人云亦云，應做實地考察，並帶著兒子去實踐求證。這一方法值得人們效仿和借鑑。

在對待孩子提出的問題上，如果是未定的事情不可以隨便臆斷，沒有根據的事不可以隨便疑人。求實是認識真理的基本選擇，絕不能人云亦云。人云亦云就是丟棄了求實精神，告別了人生美德。

做父母的要適時告誡孩子當一個正直的人，一個意志堅強的人，要勇於服從真理，不要人云亦云，要有自己的主張，要刻苦學習，不要「半桶水響叮噹」，要善於獨立思考，不做分數的奴隸，要有健壯的體魄，成為一個德智體全面發展的人。

據某媒體報導，一位名叫聶利的小學生撰寫的科學論文《蜜蜂並不是靠翅膀振動發聲》榮獲青少年科技創新大賽優秀科技計畫銀獎和科普專項獎。她用實驗證明了這一科學新發現：「蜜蜂有自己的發聲器官，不是生物學界以往一直認為的靠翅膀振動發聲。」透過聶利的事例，我們可以看到一個十二三歲的小學生之所以會有這麼重大的科學發現，並不在於她有多麼的聰明和與眾不同，而在於她善於觀察，善於發現，勇於向早已成為「定論」的學說提出質疑。

古今中外多少仁人志士為了科學的發展和人類社會進步而不斷求索著，這是一個不斷證實或證偽人類原有認知的過程。沒有質疑和求索，就沒有科學的重大發明、發現和社會的進步。質疑和求索一直都是人類社會發展和進步的原動力。一個國家的下一代有沒有勇於質疑的勇氣和勇於探索的精神，關係到這個國家的前途和命運。

身為父母和家長，對於年齡稍大一些的孩子（一般從十五六歲的孩子開始培養更適宜），我們都應注意培養他們的質疑勇氣和求索精神，其實這也是「教學相長」，親子共同學習、共同發展的最佳表現形式。但是長期以來，我們的教育培養和褒獎的往往是「聽話」的孩子。在家聽父母的話，在學校聽老師的話，只要認真聽老師講課，考試取得高分，就是好孩子。至於課本上說的對不對，老師說的對不對，則往往不是成人在教育孩子時所考慮的問題。而一些勇於對課本和老師所說的內容表示「質疑」的孩子也往往被人們視為「異類」，這使孩子的質疑和求索精神受到限制而消磨殆盡。

當然培養孩子的質疑和求索精神，還要注意不能從一個極端滑向另一個極端，防止孩子形成對任何事物都無端猜忌的心理。這就需要我們在日常生活中始終尊重和保護孩子的好奇心，從小培養孩子善於觀察、謙虛務實、敢說真話、淳樸善良的品性。同時，注意培養孩子的科學精神和人文精神。只有這樣，我們在教育孩子時，才能真正做到既能引導孩子少走或不走彎路，又不消磨掉孩子善於發現、勇於求索、勇於質疑的銳氣。

教子小徑：

1. 對於一些問題的緣由不可完全相信書本裡說的，如果問題確實具有可考性，應帶孩子去實地考察一番，以培養其求實的精神和品性。
2. 如果考察屬實，再對孩子強調求實考察的重要性。

名人教子名言：

要迎著晨光實做，不要面對晚霞空想。

——卡萊爾（Carlyle）

要達到預期的目的，求實精神要比豐富知識更重要。

——博馬舍（Beaumarchais）

一個人假如不腳踏實地去做，那麼所希望的一切就會腐敗。

——莫洛亞（Maurois）

鄭板橋——「立志有成者，多出於貧窮的人家。」

鄭板橋簡介：

鄭燮（西元一六九三至一七六五年），字克柔，號板橋，江蘇興化人，應科舉為康熙秀才，雍正十年舉人，乾隆元年進士。官山東范縣、濰縣知縣，有政聲「以歲飢為民請賑，忤大吏，遂乞病歸。」做官前後，均居揚州，以書畫營生。擅畫蘭、竹、石、松、菊等，而畫蘭竹五十餘年，成就最為突出。取法於徐渭、石濤、八大諸人，而自成家法，體貌疏朗，風格勁峭。工書法，用漢八分雜入楷行草，自稱「六分半書」。並將書法用筆融於繪畫之中。主張繼承傳統「十分學七要拋三」，「不泥古法」，重視藝術的獨創性和風格的多樣化，所謂「未畫之先，不立一格，既畫之後，不留一格」，對今天仍有借鑑意義。詩文真摯風趣，為人民大眾所喜誦。亦能治印，接近文何。有《鄭板橋全集》、《板橋先生印冊》等。

鄭板橋教子故事：

鄭板橋在山東濰縣當縣令時，年過半百得子，他卻毅然決定把兒子委付在堂弟鄭墨家寄養。他寫了一封信給鄭墨，說出了他愛子見解。鄭板橋在信中道：「餘五十二歲始得一子，豈有不愛之理。熱愛必以其道，長其忠厚之情，驅其殘忍之性。」可見，他不把做官人家的「獨苗」當小皇帝嬌慣，而是要培養其善良性格。

鄭板橋平生不喜歡籠中養鳥，他認為這很不盡人情人理，因此，他不喜歡孩子玩「髮繫蜻蜓，線縛螃蟹」之類殘害生靈的遊戲，有一次，他在信中關照弟弟說：「雖然要讓孩子嬉戲玩耍，但要使其成長忠厚的性情，驅除他殘忍的人性。」他就是這樣從各個方面來陶冶孩子性格的，即使是生活中的小事也不輕率。

鄭板橋平時很重視對孩子進行尊師愛友的教育。他認為「請師傅，待同學，都不可以不慎重」。老師不一定都是海內名流，不過是一方之秀，身為家長，倘若明裡暗裡講老師的不是，就會使老師心生不安，教書也不能盡心。而孩子也就會由此不尊敬老師，對學業漫不經心。

鄭板橋要求自己的孩子平等的對待同學，並且要樂於助人。他在家書中關照說：「紙筆墨硯，我們家裡有的，應該不時的分給同學。在幫助貧家子弟時，不可以有『恩賜』的觀點，而應該體察他們的困難，真心在『無意中贈與』。」他還告訴弟弟，要平等對待自己的孩子和家中僕人的兒子。

第二章性格——個人完善自己的根本

鄭板橋——「立志有成者，多出於貧窮的人家。」

育子點撥：

鄭板橋對待子女就是這樣嚴中有愛，愛中有嚴。現今有的父母過分溺愛孩子，讓他們過著茶來伸手、飯來張口、四體不勤的寄生生活，這不是真正的愛護子女，從某種意義上來說，這樣做慣壞了他們，培養了他們的依賴和惰性，泯滅了他們的上進心。

每位父母都希望孩子早日成才，除了要進行智力投資外，可別忘了從小培養孩子良好的品格，因為孩子人品如何，直接決定了其一生的命運。那麼，現代兒童需要什麼樣的品格，又該如何培養呢？

一、要有強烈的自信心。一個人相信自己有能力去迎接各項挑戰時，他才有可能戰勝它。要做到這一點，父母首先要盡早發現孩子的天資和才能，有意的誘導他們，鼓勵他們抱有成功的信心。

二、要有飽滿的熱情。一個人如果缺乏熱情，任何事業都不能成功。熱情，對大多數兒童來說，都是生而有之的，然而，要使其不受傷害，繼續把熱情保持下去，卻不容易。因為熱情是脆弱的，很容易被諸如考試的分數、他人的嘲笑或接連的失敗等挫傷，以至於被摧毀。因此，父母要注意保護孩子的熱情，千萬不要隨意傷害它。

三、要富有同情心。家庭是兒童最早接觸的生活環境，父母的一言一行對他們的影響最直接也最早，如父母的品行不良，會對兒童的性格發育產生極負面的影響，故良好的家庭環境對兒童的個性發展及身心健康極為重要。大多數兒童對於有生命的動物所遭受的痛苦是很敏感的。如果一個家庭經常關心他人，那麼，自然會在孩子幼小的心靈中播下同情的種子。

四、要注重培養其集體意識。為了防止孩子養成嬌生慣養和不合群的個性，應盡早讓他們進托兒所或幼稚園，讓孩子置身於集體之中，培養其集體意識，以消除不合群和嬌慣的缺點。另外家長還要有意的鼓勵孩子和周圍鄰居小朋友多接觸、多交往，使孩子能較早的認識和融入周圍的環境，不至於養成孤傲不群的性格。

五、嚴格與愛心結合好。愛護子女是為人父母的本能，但如果只有愛，而不與嚴格結合起來，甚至在孩子犯錯後也是一味袒護，這樣的溺愛對孩子的人格發展極為有害，並可能導致孩子性格的畸形發展。故對孩子的愛應該是理智的，這樣才有利於孩子的健康成長。

教子小徑：

1. 鄭板橋對孩子不嬌生慣養，注重培養其善良的品格。
2. 鄭板橋從多方面培養孩子的情操，反對他們玩殘害生靈的遊戲。
3. 鄭板橋教育孩子要尊師愛友，平等待人。

名人教子名言：

一個人的個性應該像岩石一樣堅固，因為所有的東西都建築在它上面。

——屠格涅夫（Turgenev）

不要無事討煩惱，不做無謂的希求，不做無端的傷感，而是要奮勉自強，保持自己的個性。

——德萊賽（Dreiser）

一個人的悲劇，往往是個性造成的，一個家庭的悲劇，更往往是個性的產物。

——柏楊

徐悲鴻——「餓得直叫喚也不能忘記老規矩啊！」

徐悲鴻簡介：

徐悲鴻（西元一八九五至一九五三年），江蘇省宜興縣屺亭橋鎮人，中國現代美術的奠基者，傑出的畫家和美術教育家。自幼隨父徐達章學習詩文書畫，一九一六年入上海復旦大學法文系，半工半讀，並自修素描。一九一七年留學日本學習美術。一九一九年赴法國留學，一九二三年入巴黎國立高等美術學院。一九三三年起，先後在法國、比利時、義大利、英國、德國及蘇聯舉辦中國美術展覽及個人畫展。他長期從事美術教育，教學上主張嚴格的基本功訓練和現實主義的創作思想，

他受傷了，你卻什麼都不知道

你的完美安排，不能成為孩子的未來

培養了一大批美術人才。代表作有：油畫《田橫五百士》、《九方皋》、《灕江春雨》、《晨曲》、《泰戈爾像》、《奔馬》等。有多種畫集、研究文集出版。著有《徐悲鴻藝術文集》等。

徐悲鴻教子故事：

徐悲鴻有一個女兒叫麗麗，徐悲鴻非常喜愛她，但也對她嚴格要求，三歲時就教背唐詩，四歲時便教她學法文。

一次，徐悲鴻剛從外面跨進家門，麗麗便連蹦帶跳的撲到爸爸懷裡，撒嬌的說：「爸爸，飯菜都涼了。我肚子餓得咕咕叫。」徐悲鴻吻了吻女兒蘋果般的小臉，說：「餓得直叫喚也不能忘記老規矩啊！」

「誰忘記了，法文字母都會背啦！」麗麗開始用悅耳動聽的聲調，熟練的背了一遍。然後把頭一歪，得意的說：「爸爸，我現在可以吃飯了嗎？」

徐悲鴻微笑著搖了搖頭，對女兒說：「且慢，我們今天還得增加一個新項目呢！」

「什麼新項目啊？」麗麗像個小大人似的又嘆了口氣說：「可我的肚皮在咕咕叫了。」

「忍耐點，讓它再叫喚一會。」徐悲鴻說：「麗麗，妳能把字母默寫下來嗎？」

麗麗充滿自信的點了點頭，徐悲鴻說：「若是一個字母默寫錯誤，我可是要刮妳的小鼻子喲！」

可調皮的麗麗趁爸爸不留神，踮起腳，用手指先刮了一下爸爸的鼻子。

默寫時，徐悲鴻說一個，麗麗寫一個，最後徐悲鴻滿意的為麗麗打了個一百分。

「現在總可以吃飯了吧！」麗麗心裡想著，高興的拍著雙掌跳起來。

「麗麗，別高興得太早了，還得背一首唐詩呢！」

「那好，我就背李賀的〈雁門太守行〉吧！」

麗麗提高嗓門開始背誦：「黑雲壓城城欲摧，甲光向日金鱗開……」

最後，徐悲鴻笑著說：「很好，請吃飯吧！」父女倆這才走向餐桌。

身為一代藝術大師、知名美術教育家，徐悲鴻就是這樣嚴格要求自己的子女，從不妥協退讓，以此培養他們良好的品德和習慣。

育子點撥：

徐悲鴻教育女兒時不妥協退讓，可以說為我們做父母和家長的樹立了良好的榜樣。下面，我們就從教育孩子時如何不妥協退讓上說一說。

生活中，有的父母或家長聚在一起，議論起現在的孩子都「說一套做一套」，說他們不遵守交通規則吧？他們個個都懂，個個都會說一大套道理，他們甚至懂得這樣的行為是違反交通規則的；路邊買了冰棒，包裝袋隨手一丟。說他們不懂得環保知識吧？他們懂。他們會編各種故事、童話，說明環境對人類的生存是多麼重要，他們會畫海報宣導環保知識。爺爺奶奶、爸爸媽媽一大早辛辛苦苦把孩子送到學校，孩子突然發現他忘了帶聯絡簿或忘了什麼學習用品，於是大聲哭鬧，指責長輩：「都是你們不好……」是他們不懂得尊敬長輩的道理嗎？他們懂。在課堂上，他們會自編自演尊敬長輩的童話，令老師感動不已。

那麼，為何孩子會說一套做一套呢？問題的癥結點在哪裡呢？對此，我們應該意識到，問題就出在我們這些大人身上。

舉例來說，如果您的孩子過馬路不走斑馬線，您的孩子坐公車不懂讓座，您的孩子在公共場所不守秩序，您會覺得難堪嗎？也許您不會，還會覺得您的孩子很有想法。

我們請做父母的要注意以下幾點：

1. 要求孩子一定不做自己知道是錯的事。例如過馬路不走斑馬線，在公園踐踏花草，在公共場所大聲喧嘩……這些事孩子都知道是錯的。孩子犯了這些「小錯」，我們一定不能因為孩子年齡小而原諒，要表現出很在意的樣子，有必要給予嚴厲的批評，以表示父母重視的程度。

2. 要求孩子認真做到自己知道應該做的事。例如對人要有禮貌，借東西要還，飯前要洗手，書寫要工整……孩子都知道應該做到這些事，做到了應該表揚，堅持做了要好好誇獎。告訴孩子，堅持做這些小事是很不容易的，能一輩子做到這些小事，是一個了不起的好人。

3. 要求孩子做好自己承諾的事。孩子很會保證，做父母的一定要孩子在保證前仔細想想，自己的承諾能不能做到，不要輕易承諾。一旦做了承諾，就必須做好。例如孩子說明天一定早起，第二天，家長無論如何也要讓他按時起床。他答應只看二十分鐘電視，我們就不應讓他看二十一分鐘。

4. 對孩子的要求要始終一貫，成人的態度要一致，不能以自己的情緒為轉移。比如，孩子做錯了事，自己心情不好時，就對孩子打罵，拿孩子出氣；自己心情舒暢時，就姑息遷就。又如，媽媽叫孩子洗了手再吃飯，奶奶卻同意孩子可以不洗手就吃飯。這樣，孩子對自己的行為沒有一個標準，久而久之，對孩子良好習慣的培養是不利的。

5. 不遷就孩子不合理的要求。現在的孩子見識多，常常會提出一些不合理的要求。例如看到別的孩子有智慧型手機，就要求爸爸媽媽買手機；看到廣告中有新鮮的事物，就要嘗嘗鮮。這一類要求，做父母的一定不要輕易答應。不論孩子怎麼哭鬧，都不要退讓。

6. 父母要以身作則。在培養孩子某種好習慣的過程中，父母的表率作用很重要，所謂「誰家的孩子像誰」，說的就是這個道理。「己不正，不能正人」，這句話用在好習慣的養成上也很合適。

7. 反覆練習，及時強化。習慣的形成非一朝一夕之功，非反覆練習不可。當孩子按照要求去做時，父母應及時給予肯定。孩子有了興趣和愉快的經驗，良好的習慣就容易形成。

8. 提供條件。形成習慣有一個過程。在這個過程中，如能提供相應的條件，有助於孩子較快的養成習慣。比如，要求孩子飯後漱口，每次飯後為他提供一杯水，在他養成飯後漱口的習慣之後，再讓他自己倒水。比一開始就要他自己倒水漱口更容易養成習慣。

孩子的品德，關係到孩子的一生。培養一個品德優秀的孩子也需要我們的一片苦心。如果每一位做父母的都用心來培養孩子的良好品德，我們的家庭、我們的社會就會更美好。

教子小徑：

1. 徐悲鴻教育女兒時不妥協、不讓步。當女兒說肚子餓時，徐悲鴻提醒女兒不要忘了定下的規矩：當女兒背完法文字母時，徐悲鴻還是沒讓步，又讓女兒默寫法文字母，……直到最後女兒背完唐詩，父女倆這才去用餐。

名人教子名言：

我們想要涵養公正的品德，就應養成一種「不苟」的優良習慣。

——林肯（Lincoln）

一個人的品格不應由他的特殊行動來衡量，而應由他的日常行為來衡量。

——愛默生（Emerson）

每天反省有沒有做出違背良心的事，有沒有愧對他人？這是個人修養中最重要的事。

——松下幸之助

歌德——歌德愛兒子，以他獨特的方式

歌德簡介：

約翰．沃夫岡．馮．歌德（Johann Wolfgang von Goethe，西元一七四九至一八三二年），生於萊茵河畔的法蘭克福。歌德是德國古典文學最主要的代表，也是世界文學史上最傑出的作家之一。他的一生經歷了德國文學史上狂飆突進運動、古典主義和浪漫主義三個階段，是德國歷史上少有的長壽作家。歌德的寫作生涯是從十歲開始的。西元一七七四年秋，《少年維特的煩惱》的出版使他一舉成名。西元一七七五年十一月，歌德來到威瑪，開始了他近十年的官宦生涯。西元一七八六年九月，他開始為期數年的義大利之遊，這為他日後寫作提供了豐富的肥料。西元一七九四年，歌德與席勒相遇，開闢了「以歌德和席勒的友誼為特徵」的德國古典文學全盛時期。在這期間，歌德創作了他的畢生巨著《浮士德》。歌德為人類文明留下了豐富的遺產，除了不朽的文學作品外，他在美學、哲學、歷史以及地理學、生物學、物理學和天文學等方面，都有重要研究成果或發現。他發現了人的顎間骨，對解剖學做出貢獻；他的《色彩論》向牛頓的機械觀提出了挑戰；他提出的生物演化學說比達爾文早了近百年。

歌德教子故事：

歌德對孩子的教育曾這樣說過：「世上所有做父親的都有一種真摯的願望，就是想目睹本身所不能成就的事業被自己的兒子所完成，似乎他們想以此獲得再生，並且好好應用上一輩子的經驗。」對孩子的教育，這是一種矛盾。在歌德家裡，這種矛盾常常發生在日常生活和藝術的影響之間。歌德的兒子奧古斯特六歲至十八歲時，歌德對他的教育一直都是在這種矛盾中進行的。

每個孩子小的時候都熱愛自己的父親，向他公開自己的一切，把他當成自己的朋友。小奧古斯特也不例外。歌德白天去參加節目製作，但到晚上，他親手抱孩子上床睡覺。他跟孩子在一起玩耍時，感到十分開心。他用南瓜替他們做了一個小精靈的頭，小精靈的眼睛裡冒著火星。

小奧古斯特是個發育健全、大膽，講求實際而又有點粗魯的小男孩。去做礦泉療養時，歌德總是帶著他。旅行期間稟性樂觀的孩子對長輩的影響，往往比做父親的對兒子的教育薰陶還要多。

孩子漸漸長大了，昔日的眷戀已不能把他們連在一起了，可是父親對孩子仍寄託著繼承父業的希望。

但到後來，歌德還是按照孩子的要求，讓兒子進入大學學習法律，儘管他因此顯得不高興。不過歌德又以這樣的想法來安慰自己：比起文學，青年時代他自己研究更多的是法律。

在兒子上大學期間，他寫給兒子的信是冷淡的，也是善意的，完全不帶個人情緒，常常顯得十分枯燥。信中他從不提個人，也從不簽名，而是非常客氣的教誨兒子，向他解釋：為什麼要求他節儉，為什麼希望他多花點時間在寫作上。

奧古斯特大學畢業後，歌德向公爵呈信，請求公爵讓奧古斯特工作，於是奧古斯特很快成為法庭陪審員。

這位偉大的德國作家、詩人，寫了三十幾年的文學巨匠，為了兒子的發展，從來不讓他知道自己的作品和自己的本質，從來不讓他接近自己的作品，很少讓他接觸信，也從來不問他喜不喜歡這些。

歌德愛兒子，以他獨特的方式。不久，兒子就結了婚，歌德讓他很早結婚的原因，就是想把他從雜亂無章、嬌生慣養的生活中帶出來，並改變他的生活。在歌德七十歲那年，他寫道：「我有點古怪，這既是我的幸福，也是我的不幸。我給周圍人的東西，總是比他們希望的要多，即便少些，也很少有與他們的願望不相稱的情況。」

歌德的心看上去好像是玻璃做的：明亮、純淨，富有人情味，而且富於人性的火熱，在他年事已高時仍是如此。

育子點撥：

歌德愛護孩子的方式確實是獨特的，雖然他對兒子未來的發展存在著矛盾心理，但最終他還是

他受傷了，你卻什麼都不知道

你的完美安排，不能成為孩子的未來

尊重了兒子的選擇，從這一點上看，歌德還是十分明智的。

下面，我們就從家長或父母如何尊重孩子的選擇這點上進行一些闡述。

在生活中，有些家長似乎總是牽著兒女的手，孩子長大了實在牽不住，不得不鬆手了，於是就用心牽掛著，無論他們身在何處。家長大半生都在為孩子忙碌著：從孩子出生到成人，從上學到就業、成家、生兒育女，幾乎所有過程都恨不得全部承包。這種「承包一切」的愛，充分表達了家長的慈心善意，但並沒有為下一代的健康成長帶來有益的能量和肥料。

有的家長由於某種原因，自己的理想抱負未能實現，便把這些強加給孩子，試圖作為補償，聊以自慰。於是不少人便將人生價值的籌碼不可更改的壓在了子女身上。「你要為我爭氣啊，孩子！」、「你沒考上大學真丟我的臉。」相當多的家長都認為孩子是自己的私人財產，像口袋裡的東西一樣，可以任由自己的意志來支配。

對於有些家長來講，最看重的就是孩子為家長爭光了沒有。為了替家長爭光，孩子在寒暑假時放棄休息；為考上重點學校參加各種補習班；為了替家長爭光，聽覺欠佳，辨音能力低，也得勉強在家教面前學琴；為了替家長爭光，色弱的孩子艱難的學習作畫。孩子考學校填志願必須是家長喜愛的科系，如果科系與家長心意不一，家長與子女頃刻反目。在一些家長看來，孩子是我生的，吃的、穿的、用的一切都是我供給的，你就得聽從我的安排，在家長「周密」的安排下，孩子的自我意識喪失了，自由不存在了，有的孩子苦惱的說：「我們這些獨生子女看似家庭中的『小太陽』，家長成天圍著我們轉，其實是我們得無條件的服從家長的意志，圍著家長轉。」

為了尊重孩子的選擇，做父母和家長的可以這樣做：

和孩子相關的事情，最好讓孩子自己選擇，自己決定。也許孩子的選擇不是很恰當，但只要是他自己做出的，父母就應當尊重。為孩子留個空間，可以在旁邊陪跑，但不要插手太多。選擇的後果也由孩子自己承擔，這樣可以逐漸培養起孩子慎重選擇、恰當選擇和承擔責任的習慣。

不要代替孩子做決定，孩子自己的事，要多讓他自己來決定，但是我們可以從旁幫助他了解不同的選擇會帶來不同的結果，並使他明白自己做了選擇，就要自己負責、承受結果。當孩子發現自己的選擇是錯的時，不要責怪孩子，因為受點損失讓孩子學會慎重做決定，也是值得的。家長可以給建議，但只是建議而已，在可能和安全的情況下，盡量尊重孩子的興趣和意願。尤其是那些與孩子自己的生活相關的事情，就讓孩子自己作主好了。

不要按照你的意願把孩子的時間安排滿，要多留一些時間讓孩子自己安排，如果他還小，想不出可以自己安排什麼活動，你可以多提幾個建議讓他選擇。

多鼓勵孩子自己做事，容忍孩子做事的不完美；

讓孩子自己制定計畫，讓孩子學會管理自己；

在孩子專心做一件事情的時候，不要干擾他，盡可能不要催促他，更不要總跟在身邊不斷提醒他不可以這樣、不可以那樣。

在孩子解決問題遇到困難時，不要急於幫助他，可以多提些建議給他：「造不出句子來嗎？查字典看看吧！」

不要代替孩子做檢查作業、收拾書包的工作，也不要養成整天盯著孩子做功課的習慣，要讓孩子自己去做這些事情。

現在有太多的家長望子成龍心切，他們一心想讓孩子成才，於是就替孩子做出了一切選擇，結果使孩子認為讀書是家長的事，是自己在替家長完成這一切，這樣下去，望子成龍的家長即剝奪了孩子的自由，又把孩子的責任擔在了自己的肩上，到頭來，他們的孩子很難成龍，因為沒有奮發向上願望的孩子將來不可能有更大的發展。

我們該把「望子成龍」改為「讓子成龍」，為孩子塑造一個良好的環境，替孩子樹立一個好的榜樣，給孩子更多選擇的自由，讓孩子有更多的責任感，激發孩子的成才熱情，激發孩子的創造力和學習欲望，讓孩子自己渴望成龍，這樣，孩子才能成為真正的「龍」。

教子小徑：

1. 歌德雖然對兒子未來的發展有矛盾的心理，但還是尊重了兒子的選擇。

2. 他教誨兒子時非常客氣，向他解釋，為什麼要求他節儉等。
3. 歌德讓兒子剛工作就結婚，是想把他從雜亂無章、嬌生慣養的生活中帶出來，讓他養成良好的生活習慣。

名人教子名言：

與其不透澈的理解許多事，不如理解的事不多，但都能透澈。

——佛朗士（France）

一個人的理解力越強，就越能發現別人的新穎獨到之處。

——帕斯卡（Pascal）

理解無疑是培育一切友情之果的土壤。

——威爾遜（Wilson）

林肯——「一個人必須具有誠實的美德，才可以信賴。」

林肯簡介：

亞伯拉罕．林肯（Abraham Lincoln，西元一八〇九至一八六五年），出生於肯塔基州哈丁縣，是美國南北戰爭的領導者，為廢除奴隸制建立了不朽功勳，是美國人民心目中最偉大的人物之一。西元一八三四年，他當選為伊利諾州議員，開始了他的政治生涯。從西元一八三四至一八四〇年，他四次被選入伊利諾州議會。西元一八四七年，當選為國會眾議員。西元一八五四年，他明確的宣布了他要「為爭取自由和廢除奴隸制而鬥爭」的政治主張。西元一八六〇年，林肯當選為美國第十六任總統。西元一八六一年南北戰爭爆發，他主張廢除奴隸制，並且決心打贏戰爭。西元一八六二年九月二十二日，林肯宣布了親自起草的、具有偉大歷史意義的文獻——《解放奴隸宣言》草案（即後來的《解放宣言》），使美國所有的奴隸從法律上獲得了自由。西元一八六五年，歷經四年苦戰的美國內戰終於結束，林肯為首的北方獲得了最後勝利，為美國資本主義的發展澈底掃清了道路。西元一八六四年，林肯再度當選為總統。西元一八六五年四月十四日晚，他在華盛頓福特劇院觀劇時突然遭到暗殺。西元一八六五年四月十五日早上七點二十二分，亞伯拉罕．林肯停止了呼吸。

林肯教子故事：

林肯認為，一個人必須具有誠實的美德，才可以信賴。對自己的獨生兒子羅伯特的品德教育中，就特別注意培養其形成誠實的美德，並注意身體力行，以實際行動來影響兒子。

西元一八六〇年，他以共和黨領袖當選總統。一次，他和兒子驅車上街，遇到一軍隊路過此地，他隨便問一位路人：「這是什麼?」林肯原意是想問這是哪個州的兵團，但沒有說清楚。那人便粗魯的答道：「這是聯邦的軍隊，你真是他媽的大笨蛋。」林肯面對這種斥責，只道了聲「謝謝」，無半點怒容。兒子感到很奇怪，上車後，林肯對兒子嚴肅的說：「有人在你面前對你說實話，這是一種幸福，我的確是一個他媽的大笨蛋。」

林肯的誠實還表現在選舉總統方面。他沒有錢，競選時往往站在耕田用的馬上發表演說。他對人們說：「有人寫信問我有多少財產，我有一個妻子和兒子，都是無價之寶。此外，還租有一個辦公室，室內有桌子一張，椅子三把，牆腳還有大書架一個，架上的書值得每人一讀。我本人既窮又瘦，臉又長，不會發福。我實在沒有什麼可依靠。唯一可依靠的就是你們。」

他以質樸的話語在人們心中留下了深刻的印象，為自己贏得了「誠實的林肯」的美名，也為兒子留下了可貴的精神財富。

育子點撥：

林肯的誠實品質確實讓人佩服，而這也對他的兒子形成了一定的影響，從側面教育了兒子一定要誠實。

在孩子的誠實教育中，教育方法是否恰當是個極為關鍵的問題。如果你的孩子第一次犯錯後，主動承認了錯誤，你不但不去表揚和鼓勵他勇於承認錯誤，反而無情的訓斥和責備，那孩子就極有可能在下次犯錯的時候，認真吸取上次的「教訓」，總結上次的「經驗」，掩蓋自己的錯誤，推卸責任，透過不再誠實、學會撒謊的壞習慣來逃避挨打挨罵的風險。

因此，對孩子的誠實教育，要求不能過高，要仔細分析事件的緣由，酌情處理，從身邊的小事做起，使孩子自然而然的養成誠實的好習慣。做家長的可從以下幾點做起：

1. 對孩子提出誠實的具體要求。

如果父母想從根本上防止孩子說謊，教育他要誠實，單靠簡單的說教是行不通的，必須讓孩子明確具體的行為規範。如向孩子提出「幾要幾不要」的具體要求，如不亂拿人家東西，不說謊，不吹牛，不謊報成績等。

2. 肯定、表揚孩子承認錯誤的態度。

發現孩子犯了錯誤之後，應先對孩子承認錯誤的態度加以肯定。再和孩子一起分析錯誤，讓孩子主動意識到錯誤，讓孩子在愛的氛圍中得到感化、打從心底反省自己所犯的錯誤……這些都可以隨後來做，但首要任務是用你肯定的態度避免孩子說謊。要知道，很多情況下，孩子說謊的壞習慣都是由成人造成的。

3. 對孩子不誠實的行為要予以適當的懲戒。

適當的懲戒，是我們對孩子表達愛的另一種方式，「藏起一半的愛，不是少了一半，而是愛得更偉大、更深沉」。關鍵是所採取的方式要恰當，必須是孩子可以接受的。常見的有效方式有許多，諸如朗誦一個關於誠實的故事，抄寫一段關於誠實的名人名言，取消一次外出遊玩的安排等。

教子小徑：

1. 當別人把林肯的表現說成笨蛋時，他沒有生氣，而是承認並且安慰自己，從側面教育兒子養成誠實的品格。

名人教子名言：

人若失去了誠實，也就失去了一切。

——約翰．利利（John Lyly）

失去了真誠等於失去了活力。

——博維（Bowie）

拿破崙——「讓我的兒子經常讀讀歷史，並思考歷史的重大事件。」

拿破崙簡介：

拿破崙．波拿巴（Napoléon Bonaparte，西元一七六九至一八二一年），出生在科西嘉島的阿雅克肖。法國的皇帝、軍事家，曾經占領過西歐和中歐的大部分領土。西元一七九九年十一月九日，拿破崙發動了霧月政變並獲得成功，成為法國第一執政，拿破崙之後進行了多項政治、教育、司法、行政、立法、經濟方面的重大改革，其中最著名並且直到今天依然有重要影響的《拿破崙法典》（今

《法國民法典》）。西元一八〇四年五月十八日，拿破崙宣布成為法蘭西第一帝國的皇帝。西元一八〇五年八月，奧地利、英國、俄國組成了第三次反法同盟，拿破崙於是在九月二十四日離開巴黎，親自揮軍東進，到十月十二日法軍已經占領了慕尼黑。十月十七日法國和奧地利在烏爾姆激戰後，反法同盟投降。之後法國又取得了奧斯特利茨戰役的勝利，反法同盟再度瓦解。西元一八一五年六月十八日，拿破崙的軍隊在比利時滑鐵盧戰役中全軍覆沒，七月十五日他正式投降。法蘭西第一帝國覆滅，路易十八再度復辟。拿破崙被流放聖赫勒拿島。西元一八二一年五月五日，拿破崙在島上去世。

拿破崙教子故事：

拿破崙．波拿巴曾是縱橫四海的英雄人物，他曾影響了整個歐洲的歷史。他是一個偉人，但作為一個父親，他又是一個充滿愛心的普通人，以普通人的情感和行為方式去愛自己的孩子。

拿破崙四十二歲才得子。當他聽到孩子發出第一聲啼哭，就把他抱了起來，親他的額頭，然後把他抱到妻子面前，激動得渾身顫抖，連走路都搖晃了。一百一十響的禮炮在轟鳴，而拿破崙卻在流淚：「我簡直難以感受這麼大的幸福，我可憐的妻子受了好多苦！」

拿破崙在兒子身上傾注了一切的愛。他驕傲自豪，對前途充滿信心，對孩子百般疼愛。每天他都去看兒子幾次，叫人鬆開襁褓，摸他那光溜溜的身子，做鬼臉逗孩子笑，甚至扯耳朵。待孩子稍大一點，他讓兒子倚在窗邊觀看閱兵式，抱兒子去羅馬競技場看皇家衛隊操練，並特意替兒子製作了好幾套小軍裝。

在拿破崙被流放在聖赫勒拿島的五六年的時間裡，他一天也沒有將兒子忘記。他透過僕人弄到了兒子的一綹金髮，整天愛不釋手，撫摸、親吻。後來他從投機商手裡得到了一尊做工不太精良的兒子的半身雕像，讓人擺在寒酸的壁爐上。有人來做客，他就樂不可支的指給人家看。他打從心底為兒子祈福。他說：「如果我死在這孤島，他必將上台執政。」

拿破崙知道父親老波拿巴死於癌症，而他自己當時也感到右腹脹痛，懷疑自己也得了遺傳性胃癌。因此他多次要求醫生，在他死後，希望能解剖屍體，採取可能的預防措施，以免兒子染上這一遺傳病。

拿破崙在臨死前，還口述了一封遺書給兒子，由他的隨從執筆代寫，摘錄如下：

「我的兒子不應只考慮為我之死而報仇的事，他應利用這個機會有所作為……要竭盡全力，實現和平治國。我不得已沒能夠征服歐洲，而願我的兒子從我播下的種子裡冒出新芽，使法蘭西土地上的一切繁榮因子蓬勃發展。只有這樣，他才能成為一個偉大的君主。」

「我的兒子永遠也不要借助外來勢力重新登基……法蘭西民族是最容易統治的，只要你不違背他們的意志。」

「法蘭西人民迷戀兩件事物，熱愛平等，喜歡禮儀。一個政權只能用特殊的法律方能滿足這兩項要求。」

「我的兒子應是有新穎思想和事業心的人，要繼承和發揚我已經取得了輝煌成就的事業，用法律改變人民的思想，在各地建立新的政權機構，消除封建殘餘，保障人的尊嚴，促進經濟繁榮，以更高形式統一歐洲。」

「你們要把我的上述遺言公之於眾，讓我的兒子去讀、去思考。你們要告訴他，要保護所有曾經為我效勞的人。」

「讓我的兒子經常讀讀歷史，並思考歷史的重大事件，只有歷史才是唯一的、真正的哲學。我希望他無愧於自己的命運。」

拿破崙教育兒子不以一己之念，而以國家大業為重，希望兒子成為具有新穎思想和事業心的人，能成就事業，有所作為。從這篇「真正的政治遺囑」中，可以看出拿破崙博大的胸襟和遠見卓識。這對於今天和未來的無數個父母來說，都具有深遠的啟迪和教育意義。

育子點撥：

拿破崙從政治家和軍事家的角度教育孩子多讀歷史，思考歷史，是有一定用意的。然而在今天，讓我們的孩子多讀讀歷史，多思考思考歷史也是有一定意義的。

認識歷史，需要一定的常識累積，需要有一定的社會知識。如果對身邊的社會關係還是完全懵懵懂懂的狀態，那麼了解歷史這件事，也非常困難。

不過，可以讓孩子讀一些歷史故事。對於他們來說，歷史故事與虛構的故事之間，幾乎是沒有區別的，有許多歷史故事比虛構的故事更有趣，因為作為故事的歷史和許多童話、寓言、傳說一樣，有非常龐大的人文力量，它們可以讓孩子感受智慧。

對於剛剛開始獨立閱讀的孩子，不宜讓他們去讀作為歷史的歷史，現在沒有可靠的讀本，而且他們也很難去把它們作為歷史來領悟。切忌簡單告訴孩子相關歷史的結論，只需讓他們多接觸，學會用自己的眼睛去觀察，用自己的大腦去思考。

讓孩子閱讀歷史，可以增進和統合語文能力。歷史對孩子而言就是一篇篇的故事，在閱讀中他會發現所有的語文詞彙在故事中有了新的意義，對成語和常用語的淵源了解更多，每天都有新的發現。

很多父母都會在孩子很小的時候就開始對其進行讀經教育，認為這樣是傳遞中華文化的最佳途徑。但大多數的孩子對讀經是反感的，因為沒有理解的朗讀和背誦，只是徒增孩子記憶的負擔，又沒有樂趣。因此，讓孩子讀歷史前，應先向孩子講解一下該歷史的背景，增加他讀歷史的興趣。

中國歷來有「神交古人」的說法，其實「神交古人」是閱讀歷史典籍帶來的快樂，每當你打開書籍就會進入另一個世界中。曾看過一些文章說現代人的困境是「今無典範」，所以青少年的價值混亂和迷失是必然的。人類數千年來累積了多少文化財產、智慧經驗的話語，「太陽底下沒有新鮮事」，為什麼不讓孩子在歷史中學習呢？

做父母的在教孩子歷史時，不要去割裂學習的領域，認為哪些人哪些時代才是我們的祖先，才是我們認同的對象，這是沒有意義的。學習是沒有限制的，歷史是連續的，族群的對立與互斥也是人類歷史上屢見不鮮的，當我們教育孩子時，應帶給孩子超越、了解與寬容。

教子小徑：

1. 拿破崙教育兒子要多讀歷史，思考歷史的重大事件。
2. 拿破崙教子不以一己之念，要以國家事業為重，有所作為。

名人教子名言：

歷史是時代的見證，真理的火炬，記憶的生命，生活的老師和古人的使者。

——西塞羅（Cicero）

歷史教給最實際的智慧是民族具有前進的可能性。

——柳田國男

沒有比歷史更使人感興趣的了。當你讀著歷史，你就懂得現在。

——蘇里科夫（Surikov）

第三章 能力——走好達成目標的每一步

家庭是人生的搖籃，擔負著撫養和教育子女的雙重責任。家長不能把孩子放在理想化的生活環境中，而應以社會生活實踐作為衡量孩子的標準；不能總是把眼睛盯在孩子的考試分數上，更要重視培養孩子的能力，特別要重視培養孩子的自理自立能力、學習能力、交往能力和創新能力，以適應社會發展的要求。

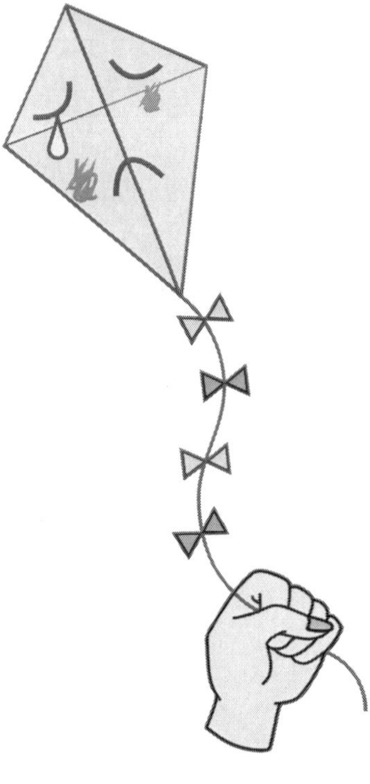

林則徐——「讀書貴在用世」

林則徐簡介：

林則徐（西元一七八五至一八五〇年），字元撫，又字少穆，晚號俟村老人，侯官縣（今福州市）人，清嘉慶十六年（西元一八一一年）進士，入翰林院為庶起士，授編修，歷任江西、雲南鄉試考官，江南道監察御史，浙江杭嘉湖道，江蘇和陝西等省按察使，湖北、湖南、河南等省布政使。道光十一年（西元一八三一年），道光皇帝以則徐「出膺外任已歷十年，品學俱優，辦事細心可靠」，擢升為東河河道總督，主持修浚黃河、運河等工程。十二年升江蘇巡撫，十八年（西元一八三八年）任湖廣總督，嚴禁吸食鴉片，成效卓著，十一月，欽命為欽差大臣，赴廣東查禁鴉片，並節制廣東水師。林則徐在廣東宣誓旦旦：「若鴉片一日不絕，本大臣一日不回，誓與此事相始終。」英商義律等懾於林則徐的正氣，被迫繳出鴉片兩萬多箱，即於虎門海灘當眾銷毀。林則徐因此成了中國近代史上抵禦外侮的第一個民族英雄。道光三十年（西元一八五〇年），林則徐病逝。咸豐元年（西元一八五一年），咸豐帝賜祭葬，謚號「文忠」，晉贈太子太傅。林則徐逝世後，全國哀悼，福州建祠奉祀。

林則徐教子故事：

林則徐以銷禁鴉片的壯舉而青史留名，也因治家嚴謹、教子有方而被人稱道。

林則徐——「讀書貴在用世」

他為官常匹馬上任，把妻子、兒女留在家鄉，平時教育子女透過鴻雁傳書。封建社會把讀書看得很重，所謂「萬般皆下品，唯有讀書高」。林則徐卻不然，他一方面教子要「敬師勤讀」；另一方面教子學種莊稼，向兒子灌輸「農民為世間第一等之人」的思想，督促他們「黎明即起，勤學稼穡」。

古時讀書人多為「兩耳不聞窗外事，一心唯讀聖賢書」之流，林則徐強調「讀書貴在用世」，即讀書的目的在於為社會做出貢獻。他告誡兒子既不能「唯讀死書而全無閱歷」，也不可「閱歷深，而才學薄」，而要做到讀書和實踐並重，希望兒子既有真才實學，又能為社會多做貢獻。

林則徐要求子女像自己一樣，為官剛正不阿、清正廉潔，不為功名利祿所累，絕不要在俸祿之外，妄取民間或下屬一文一毫。正如他留在家中的一副對聯所述：「子孫若如我，留錢做什麼，賢而多財，則損其志；子孫不如我，留錢做什麼，愚而多財，益增其過」。

育子點撥：

林則徐的教子精神確實令人欽佩。他的讀書貴在用世的觀點，至今也是一個普遍的真理。

作為父母應該使孩子明白，善待學習要從實際面出發。現實生活中，無論是學儒教授還是達官顯貴，或者是工農商賈，他們都在善待學習中實踐和表現自我，乃至達到一個又一個光輝的頂點。從實際面出發的目的就是要汲取精華，剔除糟粕，學以致用。讀書要博覽群書，取百書之長；學習要博採眾長，吸千家之優。既不好高騖遠、貪圖虛榮，也不走馬觀花、囫圇吞棗、隨學隨忘。

有一個名牌大學畢業的男子，在家裡養豬，可他養的豬老是不長肉。相反，這個男子所在的農村有個領政府補助金的老人，沒唸過多少書，全村卻屬他養的豬最肥、最壯，最早上市售賣。這說明了什麼？說明學歷只代表過去，學什麼東西都要能學以致用，現在是強調學以致用的社會，死讀書，讀死書，最終是行不通的。如果連最起碼的學習能力、應變能力都沒有，將來肯定無法適應這個變化迅速的社會，最終為社會所淘汰。

做父母的要多帶孩子外出，增加其生活經驗；要多買好的書籍，培養孩子的讀書習慣，累積好詞好句；要嚴格要求孩子的人品，使孩子在道德方面不誤入歧途。

教子小徑：

1. 林則徐教子要敬師勤讀，另外也讓其接觸稼穡之事，以此樹立子女對人平等的思想。
2. 林則徐告誡兒子讀書要與實踐並重，這樣才有真才實學。
3. 林則徐教育子女要不為功名利祿所累，應該剛正不阿。

名人教子名言：

讀書不教活用之道，雖讀萬卷書，不能活用，又有什麼益處？

——培根（Bacon）

每一個懂得如何讀書的人，就懂得如何利用所學來增進自己的能力，改善自己生活的方式，並使生活充滿意義與樂趣。
——赫胥黎（Huxley）

無論你腹中有多少知識，假如不用便是一無所知。
——薩迪（Saadi）

馮玉祥——「不要做廢物點心」

馮玉祥簡介：

馮玉祥（西元一八八二至一九四八年），字煥章，安徽巢縣人。民初軍事家、愛國將領。清末入淮軍當兵，後投北洋軍，升任河南督軍及陸軍檢閱使等職。反對袁世凱稱帝，討伐張勳復辟。一九二七年一度附和蔣中正、汪精衛清黨反共。因與蔣發生利害衝突，一九三〇年聯合閻錫山、李宗仁等舉兵反蔣中正，爆發中原大戰，失敗後下野，所部被蔣收編。「九一八事變」後，馮積極主張「停止內戰，一致抗日」。一九三三年五月，與吉鴻昌、方振武組織察哈爾民眾抗日同盟軍，任總司令後被蔣中正所迫辭職。一九四八年九月一日，因所搭輪船經黑海時失火，不幸遇難。馮玉祥勤奮好學，崇尚簡樸。以治軍嚴、善練兵、注重近戰和夜戰著稱。

馮玉祥教子故事：

馮玉祥對自己的孩子是很寵愛的，但對他們的教育也極為嚴格。他經常教育孩子養成勤勞的性格，「不要做廢物點心」。要子女學會自己洗滌、縫補衣物，練習刺繡，學做木工和種地。他家從山西晉祠移居泰山時，馮玉祥為每個孩子都分了一塊地，要他們學會耕種、管理和收獲。還叫他們舉辦種花生比賽，看誰種得最好，收得最多。馮玉祥只要發現哪個孩子偷懶，就會對他說：「少爺小姐是廢物，不要做廢物點心了。」他還常以古語教育子女：「天將降大任於斯人也，必先苦其心志，勞其筋骨」。就是說一個人要成大器，就得先在苦日子裡熬熬，磨練意志，以後才能不避險阻，有所作為。

馮玉祥有感自己的教育程度低，於是對孩子的學習要求非常嚴格。他規定每個孩子每天寫一百個大字和五百個小字。如果誰沒有寫字，馮將軍就告誡他：「你們現在的條件多好。我小時候要練習寫字，買不起紙筆，就用一根細竹管，頂端綁上一束麻，蘸著稀薄的黃泥漿，在洋鐵皮上塗寫，後來改在磚上練習。」馮將軍還要求孩子練習畫畫、背唐詩和每天寫日記。吃飯時，如果有人將飯粒掉在桌子上，馮玉祥就和孩子一起背「誰知盤中餐，粒粒皆辛苦」的詩句，然後再把飯粒撿起來吃掉。

馮玉祥任西北邊防督辦時，他的大嫂侶夫人來訪，看見洪國和洪志兩個姪子一個學木匠，一個在放羊，便嗔怪起馮玉祥來。馮將軍賠著笑臉對大嫂說：「那些整日拎著鳥籠子，東遊西逛，除了吃喝嫖賭，再無別的本事的人，好一點的，是個廢物；不好的便是國家和民族的罪人，我們家裡可不能培養那樣的少爺。我想讓他們知道創業的艱難，嘗嘗吃苦受累的滋味，不要忘了做人的本分。」大嫂被說得啞口無言。

馮玉祥的孩子在父親的嚴格教育下，日後個個成為對國家有貢獻的人才。

育子點撥：

在這個故事中，馮玉祥對孩子進行了良好的品格教育；讀書上嚴格要求孩子；生活上要勤儉節約（這點可從馮玉祥讓孩子撿掉在桌上的飯粒看出來）。家長或父母從這幾點上可得到一些啟發。故事中展現了馮玉祥對孩子進行教育的多個方面，這裡我們僅就如何對孩子進行「吃苦」教育給出一些建議和做法，使家長得以借鑑。

如今，「讓孩子吃點苦」成了許多家長教育孩子的一門新科目。讓孩子吃點苦，到底好不好？有些孩子深有感觸：「參加『吃苦』夏令營，時間不長，卻影響終生，團結、合作、為別人服務的理念及永不放棄的精神，讓我受益很多。」有的說：「去貧困地區體驗生活，體驗同齡人不同的生活，很受教育，刻骨銘心。」

需要家長注意的是，對孩子進行一兩次「吃苦」教育，不會一勞永逸。也就是說，想讓孩子透過參加一兩次「吃苦」訓練，或者體驗幾天貧困生活，就會培養孩子健康正確的道德觀念，積極向上的精神意志，就會在孩子的心靈裡牢牢扎根，這個想法是不現實的。一個人承受、克服困難與挫折的精神素養，並非一朝一夕形成的，還要仰賴家長在日常生活中的引導，或者反覆進行「吃苦」訓練，才能鞏固「吃苦」教育的成果。

來看看美國家長的一些做法吧！美國從一九九六年起在學校和社區開展了廣泛的「感觸性」教育運動。美國各地根據學校和社區的特點分別建立了一些教育基地——交流村。安排孩子到交流村集中生活、工作、鍛鍊，請交流村所在地的老人講過去的生活；或讓孩子到敬老院和老人交談，為老人服務；或讓家長和孩子一起到大自然中參加活動；或者把不同年齡的孩子混合編組參加活動。孩子透過各式各樣的「感觸性」教育活動，對大自然、周圍的環境、生活有了切實的感性體驗，從中體會到做人的樂趣，感受到大自然的奧祕，激起了學習欲望，並且在集體活動中逐步培養起關心別人、攜手並肩、共同生存和發展的優良品德。

人生的道路不會那麼平坦，試想一下，那些被捧在糖罐裡的孩子，當他走向社會，面對著風風雨雨，怎麼生存和應對呢？

「求木之長者，必固其根本。」無論是家庭富裕的，還是處於小康的，無論是生長在大都市的，還是生活在小城鎮的，對孩子進行一些「吃苦」教育總是有益處的。

第三章 能力——走好達成目標的每一步

馮玉祥——「不要做廢物點心」

教子小徑：

1. 馮玉祥教育子女要勤奮做事，要他們學會洗、補衣服，耕種莊稼，還對他們說一個人要成大器，就得先在苦日子裡熬熬，磨練意志，以後才能有所作為。
2. 他對孩子的學習要求也非常嚴格，規定他們每天要完成一定的學習任務。
3. 如果在吃飯時有人將飯粒掉在桌子上，馮玉祥會和孩子一起背誦「誰知盤中餐，粒粒皆辛苦」的詩句，然後再把飯粒撿起來吃掉。以此培養孩子勤儉節約的品格。

名人教子名言：

勤勞是一切美德的源泉；最有益的工作應當是最受尊重的。

——聖西門（Saint-Simon）

人們真正的財富是做事的本領。

——伊索（Aesop）

生活中沒有一樣東西是不經過努力的付出才得到的。

——賀拉斯（Horatius）

李嘉誠——「還是你們自己去打江山」

李嘉誠簡介：

李嘉誠一九二八年生於廣東省潮州市北門街面線巷，一九四〇年，隨父母到香港定居。一九四三年冬其父辭世，至此少年李嘉誠開始了學徒、工人、塑膠廠推銷員的生活。一九四八年，二十歲的他就開始在新蒲崗擔任了一家塑膠廠的業務經理、總經理。一九五七年，在北角創立了長江工業有限公司，發展塑膠花、玩具生產等。一九五八年，一九六〇年先後在北角、柴灣建造了兩座工業大廈。一九七二年九月三十一日，李嘉誠創建了長江實業有限公司，十一月一日，「長實」股票在香港證券交易所、遠東交易所、金銀證券交易所掛牌上市，並相繼在英國倫敦（一九七三年）、加拿大溫哥華（一九七四年六月）掛牌上市。一九七四年五月，與加拿大帝國商業銀行聯組恰東財務有限公司。到一九九一年間，「長實」系財團已發展成為有重要國際地位和重大影響的跨國多元化企業集團，擁有一千兩百多億港幣資產。一九九六年分拆長江基建集團上市。目前集團在全球四十一個國家投資經營，總員工人數超過十六萬名。李嘉誠一向的經營宗旨是「發展不忘穩健，穩健不忘發展」。

李嘉誠教子故事：

李嘉誠是香港家喻戶曉的人物，在他的經濟王國中，有兩個接班人：長子李澤鉅和次子李澤楷。李嘉誠不僅事業有成，大力支持公益事業，在教子成才上也有獨到的見解。

李嘉誠對兩個兒子李澤鉅和李澤楷的教育甚嚴。他要求兒子生活上克勤克儉，不求奢華；事業上注重名譽，信守諾言。

他的兩個兒子從美國史丹佛大學以優異的成績畢業後，想在父親的公司施展才華，做一番事業。不料李嘉誠沉思片刻說：「我公司不需要你們！」兄弟倆都愣住了，說：「別開玩笑了，您這麼多公司卻不安排我們工作？」李嘉誠說：「別說我只有兩個兒子，就是二十個兒子也能安排工作。但是，我想你們還是自己去打江山，證明一下自己是否夠格到我公司任職。」兄弟倆這才恍然大悟，原來父親是把他們倆推向社會，去經風雨，見世面，鍛鍊成才。

兄弟倆到了加拿大，李澤鉅開設了地產公司，李澤楷成了多倫多投資銀行最年輕的合夥人。李嘉誠打電話問兄弟倆有什麼困難，他可以幫助解決。兄弟倆總是說：「謝謝爸爸關心，困難是有的，但我們自己可以解決。」其實李嘉誠不過是隨便問問，並不真的想幫助他們解決什麼困難。當然兄弟倆對父親的用意再清楚不過了，真的要他幫忙解決困難，他也不會幫忙。父親「冷酷」得似乎不近人情，但兄弟倆理解他的良苦用心。後來兄弟倆在加拿大克服了許多難以想像的困難，把公司和銀行辦得有聲有色，成了加拿大商界出類拔萃的人物。

育子點撥：

李嘉誠真是用心良苦啊！他讓兒子吃點苦遭點磨難，是為了磨礪他們的意志，陶冶他們的情操，

他受傷了，你卻什麼都不知道

你的完美安排，不能成為孩子的未來

豐富他們的閱歷。他把做人的道理和生存的本領毫無保留的傳授給孩子。給孩子的財富是天下最大的財富，是人世間最好最完美的財富。

一般父母對子女呵護得很仔細，什麼都幫他們做得好好的，看起來是父母的愛心，實際上卻抹殺了許多孩子自我成長的機會。其實，孩子從學習走路的那天，就是嘗試「獨立」的開始。

孩子一出生，生理的各項功能尚未健全，心智也還沒有成長，當然無法獨立生存，他必得靠著親人的照料，提供給他生存的必需品，才能一天天長大，而他向哪個目標長大呢？他是自然而然的朝向「獨立」，朝向成長、前進發展的！他一步步的會爬、會走、會跳，渴望脫離大人的擺布，使用自己的雙手去觸摸這個世界，以自己的雙腳走向自己想要去的地方。

作為家長應意識到，「獨立」是一個人、一個孩子成長的必備條件——代表各項生理心理功能上的成熟。例如：能自己走路，能自由呼吸……這一連串的過程，他人是無法替代經歷的，正如母親不能替摯愛的孩子呼吸一樣。

然而，生理、心理功能如何才能達到成熟（獨立）？除了它們會隨著年齡逐漸發展的自然因素外，父母幫助孩子學習，即是重要的輔助因素了！但得記住，幫助是適量的，比如說看孩子折手帕的動作很慢，母親忍不住搶過來幫他折。這種行為其實很殘忍，因為你不但剝奪了孩子學習的機會，而且，也剝奪了他的自尊。所以在這裡，「獨立」也變成了一種大人對小孩的態度，即「放手」，請讓孩

子自己做！他所做的，雖然很慢很笨拙，但那是一項神聖的工作！他正在學習呢！

幫助孩子獨立的要訣，除了「放手」之外，還應該是「最少的指導，最大的耐性和最多的鼓勵」！這是為人父母需要謹記的！

教子小徑：

1. 當李嘉誠的兩個兒子大學畢業後，準備來父親的公司工作，李嘉誠拒絕了他們，他的用意是把他們倆推向社會，去經風雨，見世面，鍛鍊成才。

名人教子名言：

應當使每個人的見識和知識，比他父親和祖父的見識及知識更多。

——契訶夫（Chekhov）

我認為，再也沒有比那些只注意自己鼻尖底下一點事情的人更可悲的了。

——拉塞福（Rutherford）

路走得越多，見識也就越廣。

——法國諺語

瑪麗亞．斯克沃多夫斯卡——熱愛事業，不求享樂，有獨立的能力

瑪麗亞．斯克沃多夫斯卡簡介：

瑪麗亞．斯克沃多夫斯卡（Maria Sk⊠odowska，婚後改名為瑪麗．居禮 Marie Curie，舊譯為居禮夫人，西元一八六七至一九三四年），生於波蘭華沙一個知識份子家庭，法國籍波蘭科學家。西元一八九一年，入巴黎大學學習。西元一八九三年通過物理學碩士學位考試，第二年又取得了數學碩士學位。「由於在放射學方面的深入研究和傑出貢獻」，瑪麗亞與丈夫共同獲得了一九〇三年諾貝爾物理學獎。一九〇七年，瑪麗亞．斯克沃多夫斯卡提煉出了氯化鐳。一九一〇年，她測出了它的各種特性，並完成了名著《放射性》一書，成為放射化學的奠基人。「由於對科學的執著與貢獻」，瑪麗亞．斯克沃多夫斯卡又獲得了一九一一年諾貝爾化學獎。身為傑出科學家，瑪麗亞有一般科學家所沒有的社會影響。尤其因為是成功女性的先驅，她的典範激勵了很多人。

瑪麗亞．斯克沃多夫斯卡教子故事：

古往今來，享樂、財富、榮譽一直是許多人生活的目標，只有理想遠大、甘願為理想獻身的人，才會有勇氣拋開這些。瑪麗亞．斯克沃多夫斯卡就是唯一不為榮譽所迷惑的人。擯棄財富，努力鑽研，使瑪麗亞的生活寡淡、清苦。但正因不為物質所累，不為榮譽所動，才使她磨練了毅力，堅定了意志，終於攀上了理想的高峰，發現了放射性元素——鐳，而成為世界聞名的科學家。

第三章 能力——走好達成目標的每一步

瑪麗亞·斯克沃多夫斯卡——熱愛事業，不求享樂，有獨立的能力

瑪麗亞·斯克沃多夫斯卡不僅是一個偉大的科學家，同時她也是一個偉大的母親。瑪麗亞和丈夫皮耶·居禮都獲得過諾貝爾獎，他們的長女伊蕾娜·居禮也是這一殊榮的獲得者。這在科學史上是罕見的現象。皮耶·居禮因意外早逝，於是教育孩子的責任就落在了瑪麗亞·斯克沃多夫斯卡的肩上。她不願讓孩子成為坐享其成的人。有好幾次機會，她可以讓兩個女兒得到一大筆財產，然而她不肯那樣做，她認為，女兒將來必須自謀生活。

一次瑪麗亞·斯克沃多夫斯卡去美國參加一個贈送儀式，發現禮品歸她個人所有時，說：「這個得修改，美國贈給我的鐳，必須歸科學所有。只要我在世，無疑我將只用於科學研究。但是，如果我們照目前的這個方式辦，在我死後，那克鐳就會成為個人繼承財產，成為我女兒的財產。我絕不能那樣做。我想把它作為禮物贈送給我的實驗室。」她不願讓女兒過上不勞而獲的奢侈生活。

瑪麗亞·斯克沃多夫斯卡非常注意女兒身體的健康，每天功課一做完，她就帶兩個孩子到外面去，不論天氣如何，她們總要步行很長的路，並做各項體育活動鍛鍊身體。她還在花園裡裝置了一個鞦韆架，讓孩子運動。為使孩子具有謀生能力，她還特別注意讓孩子的手受到靈巧性鍛鍊，她讓她們學園藝、學雕塑、學烹調和縫紉。

平時，瑪麗亞特別重視對孩子意志和品格的培養：大女兒剛會站立時，瑪麗亞就帶她去河裡洗澡。起初，女兒嚇得直哭，訓練幾次後，她就喜歡上戲水了。她經常鼓勵孩子要勇敢。她放手讓孩

子從很小就單獨出門。這樣的鍛鍊，使孩子得到了應付任何艱苦生活的考驗能力。對待事業，瑪麗亞·斯克沃多夫斯卡有著崇高的獻身精神；對待孩子，她也是這樣要求的。

育子點撥：

從瑪麗亞·斯克沃多夫斯卡的孩子的各有所成顯示，瑪麗亞對孩子的教育是成功的。小女兒伊芙在《居禮夫人傳》中寫道：「有幾件事永遠印在我們的心上。對於工作的愛好，不熱衷於錢財，以及喜歡獨立的本能，這種本能使我們兩個都相信，在任何環境之下，都應該知道如何處理一切，不需倚仗別人的幫助。」

瑪麗亞·斯克沃多夫斯卡在事業上獲得了大成功，在家庭生活中也是幸福快樂的。她不僅執著於事業，對家務也悉心操勞，這對一個女科學家來說很不容易。她是一個既愛事業又愛家庭的人，而且這兩者都兼顧得很好，可以說她是一個真正享受人生樂趣的人。瑪麗亞·斯克沃多夫斯卡不但是一位卓越的科學家，也是一位優秀的母親。

相信每個父母都希望自己的孩子成龍成鳳，然而，教育孩子成才，是由多方面因素構成的。其中，父母能夠幫助孩子獲得成功，促使孩子有成就感，也是孩子成才的一個重要條件。有不少的孩子並不真正理解父母對他們的期望，小孩子也不明確自己的奮鬥目標和理想，在這種情況下，父母可以幫助他們獲得一個一個小的成功，逐步登上成才的台階。蘇霍姆林斯基曾說：「每個孩子都有他自己的愛好和長處，有他自己的先天才能和傾向。必須發展這些東西，必須把學生安排在這樣的條件下，使他的長處能最充分的發揮出來。」父母的工作就是在為孩子的長處創造發揮條件，讓孩子獲得成功。如果你創造的條件無法使孩子的長處得到發揮，那就是父母的方法有誤，應該想辦法及時改變。如果父母創造的條件使孩子的長處得到了發揮，那麼父母的方法就是正確的，應該繼續保持下去。

教子小徑：

1. 平時，瑪麗亞．斯克沃多夫斯卡教育孩子多鍛鍊身體，保持身體的健康。
2. 為了使孩子的手得到靈活性的鍛鍊，瑪麗亞．斯克沃多夫斯卡讓孩子學園藝、學雕塑、學烹調和縫紉。
3. 瑪麗亞．斯克沃多夫斯卡特別重視對孩子意志和品格的培養。
4. 對待事業，瑪麗亞．斯克沃多夫斯卡教育孩子要有崇高的獻身精神。

名人教子名言：

自己能做的事，不要去麻煩別人。

——托爾斯泰（Tolstoy）

一個人可以做到他想做的一切，需要的只是堅忍不拔的毅力和持久不懈的努力。

——高爾基（Gorky）

成大事的人不在於力量的大小，而在於能堅持多久。

——塞繆爾．詹森（Samuel Johnson）

夏綠蒂．勃朗特——遇到麻煩事時，讓孩子自己解決

夏綠蒂．勃朗特簡介：

夏綠蒂．勃朗特（Charlotte Brontë，西元一八一六至一八五五年），英國女小說家。艾蜜莉．勃朗特的姐姐。出生在英格蘭北部約克郡一個與世隔絕的村子裡。父親是個窮牧師。她曾和其他幾個姐妹一起被送進一家生活條件惡劣、教規嚴厲的寄宿學校讀書。夏綠蒂當過老師和家教，也曾與妹妹艾蜜莉一起於西元一八四二年去比利時布魯塞爾學習法語和古典文學。夏綠蒂的作品主要描寫貧苦的小資產者的孤獨、反抗和奮鬥。《簡．愛》是她的處女作，也是代表作，至今仍受到許多讀者的歡迎。

夏綠蒂．勃朗特教子故事：

一天，英國著名女作家勃朗特要帶孩子去婆家，她花了兩個小時裝飾了一塊蛋糕，然後又把它放在鋪著潔白裝飾紙的蛋糕座上。女兒安娜想給她的朋友看看這塊蛋糕，於是她拿起盤子飛快的從一個灶台轉向另一個灶台，結果那塊精心裝飾的蛋糕掉在了地上，奶油四濺，毫無修補的餘地。

看到這種情景，勃朗特不得不轉移一下自己的注意力，做了一個深呼吸，然後意識到大發雷霆也於事無補，尖聲怒喊只會傷害安娜的自尊，蛋糕也不能完好如初的回到盤子上。

她只是拉著女兒說：「安娜，妳惹了個不小的麻煩。」

「媽媽，我本想努力接住它。」

「你想努力接住它，你的朋友也想努力接住它，這都沒有用，現在奶油已經毀了，問題是我們必須重新準備一塊蛋糕給奶奶，我知道妳能處理這個問題。」

安娜看看蛋糕，又看看母親，說：「我想我能補救這塊蛋糕。然後，勃朗特和女兒一起把蛋糕翻過來。做早飯時掉在地上的烤麵包屑還沒有清掃，現在嵌進了奶油裡。不用說，所有的奶油都得刮掉，重新放奶油。

勃朗特走到另一個房間，她相信女兒能夠自己處理好。她確實處理好了，而且整個過程充滿樂趣，因為她被賦予了解決問題的權利。

育子點撥：

當孩子出現問題的時候，他們需要的是一個好的計畫，而不是一個合理的藉口。責罵孩子其實是在要一種藉口，而不是要一種解決辦法。如果孩子很早就學著為損壞的蛋糕這類問題尋找解決的辦法，那麼等他們長大了，他們就會勇敢的面對錯誤，而不是一味的尋找藉口，他們就會更有能力

他受傷了，你卻什麼都不知道

你的完美安排，不能成為孩子的未來

解決所遇到的一切問題。遇到麻煩事時，讓孩子自己解決，女作家勃朗特就是這樣做的。

當孩子犯錯的時候，正好就是教育的良機，因為內疚和不安使他急於救助，而此時明白的道理就可能刻骨銘心。不論孩子有什麼過失，只要他有一定的能力，就應當讓他承擔責任，培養孩子勇於負責任的習慣。一般說來，一個沒有責任感的孩子，長期依賴別人為自己的行為承擔責任的孩子，在遇到沒有人為他負責任時，他就喜歡哀嘆自己的不幸，抱怨別人的無情，迴避困難，逃避責任，在挫折面前一蹶不振。

如果孩子在學校闖禍或違反了校規，老師多數會說：「把你家長找來！」家長去還是得去的，但不要替孩子道歉，然後把他領回家了事。該道歉的是孩子，該負責任的也是他。不要替孩子承擔責任，做孩子的「替死鬼」。

如果孩子上學遲到了，可能會怪爸爸沒有及時叫自己起床；放學淋雨了，可能怪媽媽沒有準備好雨傘；數學成績不好，可能怪數學老師教得有問題……告訴孩子，父母沒有責任，老師沒有責任，這是你自己的事情。

在公車上，如果有人讓座給孩子，不要替孩子說「謝謝」，讓他自己說。

我們來看看下面這位父親的做法，也許能夠給你一些啟發：

兒子：「我明天一定要交作文了，可是我還沒有開始寫呢，而且我也不知道該怎麼寫。爸爸你

幫幫我吧，要不然明天交不了作業，老師會罵我的。」

爸爸：「老師給了你多少時間完成作業？」

兒子：「兩三天吧。」

爸爸：「那你為什麼拖到現在才做呢？我今天沒空幫你。」

兒子（開始哭了）：「爸爸，拜託啦！你要是不幫我，我明天就要挨罵了。」

爸爸（開始心軟）：「好啦，我幫你寫篇作文明天先交上，以後你可要自己完成作業！」

在這個例子中，兒子明明是偷懶，本來他有足夠的時間去想和寫作文，可是他偏偏等到最後一個晚上才做，時間不夠，當然急得寫不出來。可是，他又不想承擔貪玩所帶來的後果——作文寫不出來老師是要責怪的。所以，他就把希望寄託在爸爸身上：只要求求他，裝出很可憐的樣子，爸爸一定會幫忙的。結果爸爸真的經不住他哭，就答應幫忙。這樣做的結果，孩子永遠都存在僥倖心理，以為關鍵時刻總會有父母撐腰。這雖然能避免一次老師的批評，卻在無形中助長了孩子不對自己的行為負責任的壞習慣，對孩子的成長有百害而無一利。

我們如果換一種處理方法，效果就完全不同。

兒子：「我明天一定要交作文了，可是我還沒有開始寫呢，而且我也不知道該怎麼寫。爸爸你幫幫我吧，要不然明天交不了作業，老師會罵我的。」

他受傷了，你卻什麼都不知道

你的完美安排，不能成為孩子的未來

爸爸：「老師給了你多少時間完成作業？」

兒子：「兩三天吧。」

爸爸：「那你為什麼拖到現在才做呢？我今天沒空幫你。」

兒子（開始哭了）：「爸爸，拜託啦！你要是不幫我，我明天就要挨罵了。」

爸爸：「你哭也沒有用。你還是自己想辦法完成作文吧！」

兒子：「你就是見死不救了？」

爸爸：「爸爸不是見死不救。想想你本來有充裕的時間寫作文，卻因為貪玩沒有安排好時間；如果你需要爸爸的幫助，爸爸也可以幫你出個主意，可是我是不會替你完成作文的。」

第二天放學回來。

兒子：「昨天匆匆忙忙寫了幾句，今天就交給了老師。可是老師一看就知道我沒有好好寫，罵了我一頓。」

爸爸：「被老師批評一次沒關係，關鍵是自己要會總結。你這次如果能夠事先把時間安排好，留下充足的時間來寫作文，就不會出現這樣的問題了。」

這樣做，看上去有點殘忍，其實這個父親才是一個負責任的好父親。因為透過這次不愉快的經歷，孩子體會到了自己要對自己的行為負責的道理，自己沒有做好，就必須承擔由於自己的原因所帶來的後果。久而久之，孩子就能養成自己安排好時間、自己做好自己事情的好習慣。

讓孩子學習對自己的行為負責任。這可不是小事！要反覆的提醒孩子，還要給他機會知錯改錯。比如他不吃飯，就要告訴他，不吃飯是要餓肚子的，他仍然堅持不吃飯，那就不管他，等他真正肚子餓找東西吃的時候，可以再一次告訴他，肚子餓是很不舒服的，給他機會學習，讓他以後改正。切勿幸災樂禍，說些「你不聽我的話，吃虧了吧？」之類的話。那樣只會讓小孩學到爸爸媽媽的話是權威，一定要聽。那只是在服從權威，而不是真正意義上的學習了。

教子小徑：

1. 當勃朗特的孩子把蛋糕弄到地上時，勃朗特壓抑怒火，並且告訴孩子說「我知道妳能處理這個問題。」結果她的孩子最終真的處理好了問題，而且孩子在處理的過程中也感受到了樂趣。

名人教子名言：

一個人能對自己的行為完全負責，這並不是一件小事。

——高爾基（Gorky）

完美的行為產生於完全的無功利心。

——切薩雷·帕韋斯（Cesare Pavese）

海明威——「成功要靠自己爭取」

海明威簡介：

海明威（西元一八九九至一九六一年），生於芝加哥市郊奧克帕克鎮。他從小酷愛體育、捕魚和狩獵。中學畢業後曾去法國等地旅行，回國後當過見習記者。第一次世界大戰爆發後，他志願赴義大利當戰地救護車司機。一九一八年夏在前線被炮彈炸成重傷，回國休養。後來去加拿大多倫多市報任記者。一九二一年重返巴黎，結識美國女作家史坦、青年作家安德森和詩人龐德等。一九二三年發表處女作《三個故事和十首詩》，隨後遊歷歐洲各國。一九二六年出版了長篇小說《太陽照常升起》，初獲成功。一九二九年，反映第一次世界大戰的長篇巨著《戰地春夢》的問世為作家帶來了聲譽。他曾與許多美國知名作家和學者捐款支援西班牙人民正義鬥爭。一九四一年偕第三任妻子瑪莎訪問中國，聲援抗日戰爭。後又以戰地記者身份重赴歐洲，並多次參加戰鬥。戰後客居古巴，潛心寫作。一九五二年，《老人與海》問世，深受好評，翌年獲普立茲獎。一九五四年獲諾貝爾文學獎。美國政府授予他銅質星字勳章。

海明威教子故事：

海明威有個兒子叫格利高里，中學畢業後，也想當個作家。當他將想法告訴父親時，海明威十分高興的對他說：「作家是一個艱苦的職業，成功要靠自己去爭取。」

然後，海明威為兒子開了一張必讀的書單，要他好好閱讀，深入到人物的性格和情節發展中。格利高里聰明好學。利用一個夏天，就讀完了父親推薦的全部小說，從馬克．吐溫的《頑童歷險記》到詹姆斯．喬伊斯的《青年藝術家的畫像》。有時，他像父親一樣，可同時看兩三本小說。稍後，海明威要兒子讀莫泊桑和契訶夫的作品，並對他說：「你別妄想去分析他們的作品，你只要欣賞它們，從中得到樂趣就是了。」有一次，海明威叫兒子試寫一個短篇，並告訴他應避免寫得囉哩囉嗦，否則會把情節的發展岔開。待兒子寫好短篇後，海明威看了並為他仔細批改，微笑著對兒子說：「很好，孩子，要寫作就得專心致志的鑽研，律己要嚴，要有想像力。你已經顯示你有想像力了。」

海明威為了培養兒子寫作，經常將自己的寫作經驗告訴兒子，他說自己在動筆之前，總是能清楚的意識到句子是怎樣在他的腦海中形成的。他總是試著用各種不同的方案來寫這個句子，再從中選出最好的方案來。這樣，當他筆下的人物講話時，話就滔滔不絕的湧現出來。

在海明威精心培育下，格利高里勤奮讀書，艱苦寫作，後來也成了小說家。

育子點撥：

孩子的才能教育離不開環境，這是他們成長的必備基礎。因此，創造一個優質的環境就成為第一要素。同時，由於人的內在能力會隨著年齡的成長而急速消失，才能教育一定要盡早實施，只要條件允許，最好從零歲開始。這一點，是值得特別加以指出的。

然而，更為重要的是，必須將最精心的培養施於孩子身上，孩子才有獲得優越才能的可能。這一點，透過上述故事海明威教子可得到證明。

之所以特別強調這一點，在於常常有父母提出這樣的疑問：「既然孩子的才能教育是年齡越小，效果才越好，那如果我們的孩子是中學生了，對這麼大的孩子進行才能教育，大概為時已晚了吧？」對此，我的回答是：無論什麼樣的孩子，都是可以接受才能教育的。不管先天如何不足，只要我們精心去培養他，幼苗都能夠長成參天大樹並開花結果。

不論年齡大小，如果能用良好的方法進行訓練，經過不懈努力必然會使能力得以提高。對於諸如「十二歲開始就太晚啦」、「十五歲開始已經來不及啦」的說法，是沒有什麼科學根據的。

對於孩子的培養來說，無論從何種年齡層開始，只要精心培養，孩子都可以具有卓越的能力。一切問題的焦點都在於四個字：精心培養。此外，精心培養的內容和程度的不同，也決定了孩子能力的大小和成就的高低。

最後，我們以古代方仲永為例來證明不精心培養的後果。相信不少父母和家長都知道方仲永的故事。雖然他的父母都是目不識丁的農民，但方仲永不到十歲就能吟詩作對，令鄉里那些屢試不第的老童生大為吃驚，鄉民也為之嘖嘖稱奇。於是，當地的有錢人家每逢宴請賓客的時候，都要邀請方仲永到場為他們作詩，以助酒興，自然免不了要付點小費給方仲永。方仲永的父親認為這是一種謀生之道，於是天天帶著他出沒於富人的宅邸之間。這樣一來，不到一年時間，方仲永的才能已經山窮水盡，等他長大後，再也看不到任何神童的跡象，與一般人沒有半點區別了。其實方仲永是個天資聰穎的孩子，但缺乏積極有效的培養與激發，最後只能淪為一個平庸之人，這是一個極其深刻的教訓。

教子小徑：

1. 當海明威的兒子想當作家時，海明威首先告訴兒子作家是一個艱苦的職業，讓他意識到做什麼事情都有個艱辛的過程。然後海明威又為兒子開列了一張閱讀的書單，讓他好好閱讀，並對兒子閱讀書籍時需要注意哪些問題進行了指導。又對兒子的文章進行了批改，還經常將自己的寫作經驗告訴兒子，精心培養兒子的寫作能力。

名人教子名言：

寫成功的雖然不一定是傑作，可是寫作時候要像大作家製作他的傑作那樣認真。

——葉聖陶

寫作是一種非常可怕的生活，它是極其令人討厭的苦差事，不過收獲有時卻是非常愉快的。

——派翠克．懷特（Patrick White）

要是沒有把應當寫的東西經過明白而周到的思考，就不該動手寫。

——車爾尼雪夫斯基（Chernyshevsky）

梅傑——「要像父母過去那樣，走艱苦創業的道路。」

梅傑簡介：

約翰·梅傑（John Major），一九四三年三月出生在英國倫敦的布里克斯頓鎮上。父親是馬戲團的演員，母親是舞蹈演員，他有哥哥、姐姐，全家過著極其清貧的生活。梅傑從父親那裡未能繼承到財產，卻繼承了吃苦耐勞和奮發圖強的精神。迫於家境，他十六歲就離開學校，以打雜貼補家用。曾當過學徒和水泥攪拌工，但不久就失業，靠領取每週不足三鎊的救濟金生活。他三十三歲時有幸被財政大臣、標準渣打銀行董事會主席巴伯看中，做了巴伯的助理。此後，梅傑擠進了議會，又得到了保守黨重要議員督導員約翰·韋克漢姆的賞識和庇護。從此，梅傑踏上了通往政治生涯頂峰的階梯。

梅傑教子故事：

梅傑和妻子生有一子一女，一家四口生活得非常幸福和睦。夫妻倆對子女的教育非常嚴格，經常對兒女說：「你們生在首相的家庭裡，絕不能依靠父母，要像父母過去那樣，走艱苦創業的道路。」

梅傑有個兒子叫詹姆斯，在詹姆斯十八歲那年，由於考試名落孫山而不能上大學，這時他沒有要當首相的父親為他說人情、走後門，而是自謀生路。詹姆斯幾經奔波，才在一家英國最有名氣的馬克斯與斯潘塞百貨公司找到一份見習經理的工作，見習時間為兩年半。

當時，英國社會的失業率很高，在這種情況下，首相的公子能當上一名見習經理也不算委屈。問題是他在百貨公司裡做的盡是些打雜跑龍套的事，如裝貨、卸貨，推銷襪子、內衣以及貓食、狗糧罐頭等這些人們看來是低賤的工作，但詹姆斯毫不計較，並在師傅和經理的悉心指導下，努力學習、掌握商業知識和經營管理等，等待見習期滿，有機會填補空缺，才能成為一個部門的經理。

詹姆斯身為英國首相的兒子，沒有依賴父親的職務去享受特權，而是默默無聞的在平凡的職位上工作。後來，由於他工作努力，不怕艱苦，終於當上了百貨公司經理。

育子點撥：

梅傑家庭雖然富裕，卻沒有嬌慣溺愛孩子，而是讓孩子走艱苦創業的道路，學習獨立自主，這一點值得我們做父母的學習。

獨立自主是健康人格的表現之一，它對孩子的生活、學習以及成年後事業的成功和家庭生活的美滿都具有非常重要的影響力。

孩子一歲左右時，就可以進行獨立自主性的培養。讓孩子從小學會獨立自主，應做到以下幾個方面：

1.正確的認識和理解孩子。

做父母的要了解孩子在各個年齡層所普遍具備的各種能力。知道什麼年齡的孩子應該會做什麼事情了，那麼就可以放手讓孩子去做自己的事情，而不依賴別人。

2.要了解孩子的「特別性」。

知道自己的孩子有哪些與其他孩子不同的地方，對這些特別之處，要相應的採取特別的教育。如有的能力是孩子的強項，那麼可以用更高的標準來要求他；若孩子生性敏感、膽小，那麼應該多鼓勵他大膽嘗試。

3.為孩子提供獨立自由的機會。

當孩子在自己做一件事時，父母應時常密切關注他的下一步，給他在獨立中成長的機會。父母應該以一種正向的、安全的方式滿足這種需求。由此，也無須對一些無關緊要的事說得過分清楚。

4.與孩子建立親密的親子關係。

因為獨立自主性的培養，需要以孩子的信任感和安全感為基礎。只有當孩子相信，在他遇到困難時一定會得到幫助，他才有可能放心大膽的去探索外界和嘗試活動。因此，在孩子活動時，家長應該陪伴在身邊，給予鼓勵。

5. 經常鼓勵孩子。

經常鼓勵孩子，即使結果遠算不上完美。一個學穿衣服的孩子不會太在乎他的衣服是否穿反了。等他試過多遍後委婉的告訴他：「噢，看看這些釦子！你知道衣服有分裡層和外層嗎？我們應該怎樣分清呢？」當然，我們要鼓勵他們做到最好，但要慎重。孩子第一次成功做一件事時，不要過分苛求。要想鼓勵他做得更好，就要像對待朋友一樣，以同等的和藹與體貼來對待孩子。等孩子長大一點後，繼續尋求方法鼓勵他們自立。他一懂得看時間，就買鬧鐘給他，讓他每天自己醒來，形成自己的生理時鐘。教他自己做早餐或午餐。要強調的是，在幫助孩子自立上的時間投資是很重要的。如果你的孩子在要求自立的敏感期得到鼓勵，「讓他自己做」，他就會變得比較有能力，比較有自信。

6. 為孩子樹立一個獨立自主的好榜樣。

榜樣的力量是無窮的。如果你自己就是一個處處依賴他人，對什麼事都拿不定主意、動不動就尋求幫助的人，那你不要指望你的孩子能夠獨立自主。你的一舉一動，還有你的人格，都是孩子模仿和學習的對象。所以，先從讓自己獨立自主做起吧！

今天的孩子將面臨一個充滿競爭的社會，物競天擇，適者生存。優勝劣汰的競爭將使每個人面臨嚴峻考驗。為了使我們的孩子將來能立於不敗之地，就應該讓他們在慈愛而理性的愛中成長。

教子小徑：

1. 在孩子小的時候，梅傑就經常教育他們：雖然生在首相的家裡，也不能依靠父母，要艱苦創業，獨立自主。讓他們形成獨立自主的意識，長大後能自謀營生。

名人教子名言：

不經過本身的努力，就永遠達不到自己的目的。任何外來的幫助也不能代替本身的努力。

——魯巴金（Rubakin）

自力更生勝過上帝之手。

——拉丁美洲諺語

人多不足以依賴，要生存只有靠自己。

——拿破崙一世

第四章　細節——成就事情不可缺少的基礎

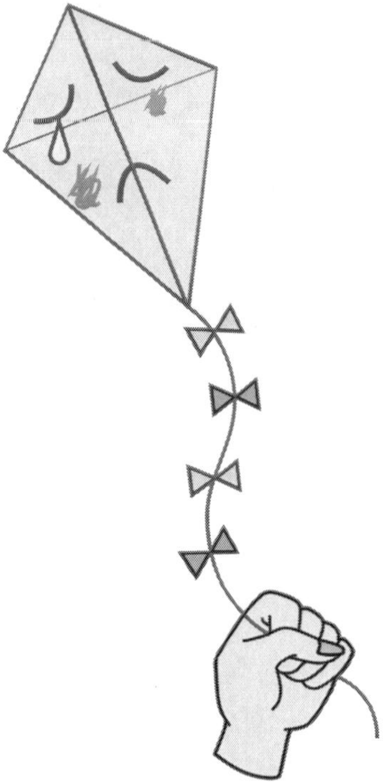

教子應從細節抓起。可以這麼說，從細節中可以看出一個人、一個民族、一個國家的發展程度。因此，父母教育孩子必須從小事抓起，長期堅持。習慣的養成，反映在日常生活中的每一個細節上。一些細枝末節的小事，對孩子的成長來說，可能件件都是大事。

曾國藩——「戒驕須先戒吾心之自驕自滿」

曾國藩簡介：

曾國藩（西元一八一一至一八七二年），清一代名臣，湘軍首領，名子城，字伯涵，號滌生，湖南湘鄉人。道光進士，原任京官司，咸豐二年（西元一八五二年）太平軍迅速興起時，奉旨在湖南辦團練，創建湘軍，與胡林翼、左宗棠等共籌破敵之策。造戰船、建水師、與太平軍苦戰。後升任兩江總督，節制蘇、皖、贛、浙四省軍務。曾國藩是中國歷史上最有影響的人物之一。曾國藩所處的時代，是清王朝由乾嘉盛世轉而為沒落、衰敗，內憂外患接踵而來的動盪年代，由於曾國藩等人的力挽狂瀾，一度出現「同治中興」的局面，曾國藩正是這一過渡時期的重心人物，在政治、軍事、文化、經濟等各個方面產生了令人注目的影響。這種影響不僅僅作用於當時，而且一直延至今日。從而使之成為近代中國最顯赫和最有爭議的歷史人物。西元一八七二年於南京病故，謚文正。

曾國藩教子故事：

曾國藩在讀書或做人方面，對自己要求很嚴格，他經常以自身的思想和行為來教育子女。他對子女說，我在朝為官二十年，不敢沾染半點官宦習氣，飲食起居，都堅守著清貧樸素的家風，不敢放縱。雖然平時軍務繁忙，但曾國藩從不間斷讀書、寫字、研究學問。對待親戚、朋友、鄰里，他從來都是「有急必周濟之，有訟必排解之，有喜必慶賀之，有疾必問，有喪必弔。」這些做法無不潛移默化影響著他的孩子。

曾國藩在寫給兒子紀澤的信中說：「世家子弟，最易犯一奢字，傲字。不必錦衣玉食而後謂之奢也，但使皮袍呢褂俯拾即是，輿馬僕從習慣為常，此即日趨於奢矣。見鄉人則嗤其樸陋，見雇工則頤指氣使，此即日習於傲矣……」對於女兒和新嫁進門的媳婦，曾國藩也要求她們不要因為是富貴子女就懶惰懈怠，一定要經常下廚做飯，紡紗織布，勤儉持家。

曾國藩的次子紀鴻回鄉參加科舉考試，他料到自己官爵顯赫，兒子到省城後難免會有巴結討好的小人，於是及時寫信吩咐兒子考完試之後馬上回來，對人要恭謙，交友要謹慎。曾國藩的這種教子思想是很可取的。

他在教育兒子時說：一般人都希望子孫做官，我希望你能成為一個讀書明理的君子。勤儉自持，習慣於勞苦，既能過富裕安樂的生活，也可以過艱苦節儉的日子，這就是君子。凡是當官的人家，由儉樸變成奢侈很容易，但從奢侈返回儉樸就難了。年紀還小的人，切切不可貪戀奢華，不可養成懶惰的習慣，無論大家小家，也無論是士農工商，只要勤苦儉約，沒有不興旺的，而驕奢倦怠，沒有不衰敗的。你讀書寫字不可間斷，要早起，不要失去高祖所創立的家業。人在少壯時，沒有不付出艱辛而能成就事業的。

由於曾國藩教子有方，他的兩個兒子都長大成才，長子曾紀澤，詩文書畫俱佳，學貫中西，是中國歷史上有名的外交家。中俄伊犁談判中，他毫不屈服，捍衛了民族利益。次子曾紀鴻，雖不幸早逝，但研究古算學也取得了相當成就。

育子點撥：

曾國藩在修身、為人處世、治家、為官等各個方面都善於做子弟的表率。可以說，曾國藩處處注意為子弟做榜樣，凡是要求後輩做到的，都要求自己先做到。曾國藩不僅以身作則，而且要求諸弟都為子女做榜樣。總之，曾國藩教子總是從自身做起，帶動夫人、諸弟，形成良好的家庭風氣，為後輩營造健康成長的環境，並產生了很好的示範和薰陶作用。

曾國藩這種以身作則的教育方法應該說是教育子女最基本也是最重要的。以身作則法就是透過自己的良好言行，有針對性的影響對方，使其透過心靈內部體驗達到信服對方或仿效的教子方法。

以身作則法之所以能影響、打動人心，使之仿效，首先在於這個方法本身所具有的魅力。以身作則法，一般是指以自己的行動教育他人、引導他人。這種以行動對人進行教育、影響的方法通常又稱為「身教」，「身教」是相對於「言教」而言的。言教固然也能影響人、啟發人，但必須輔之以身教。如果只言教不身教，是不能打動人心的。

父母是孩子的第一任老師。父母的一舉一動、一字一句都對孩子有著潛移默化的影響。不要用命令的口氣對孩子說話。比如：讓孩子替自己拿東西，應該說：「OOO（孩子名），請你幫媽媽拿

OO，好嗎？」當他（她）幫妳拿來之後要說：「謝謝你（妳）！」一般來說，孩子聽見大人的「謝謝」後，都會很高興的，更重要的是，避免他（她）對大人產生一種家長式的恐懼感，他（她）感覺到媽媽其實還是他（她）的朋友、願意和媽媽說說話、願意當媽媽的小幫手。反之，如果當時採用命令式的口吻對孩子說：「OOO（孩子名），快去幫媽媽拿OO。」就算這次孩子幫妳拿了，但日復一日，他（她）一定會產生一種叛逆心理，到那時，對孩子的成長是多麼不利呀！

教子小徑：

1. 曾國藩教育子女不得謀求特殊化，要戒驕戒躁。
2. 他要求子孫要讀書明理，幫助他人。
3. 他教育子女要勤儉自持，吃苦耐勞。

名人教子名言：

高傲是在自視比他人優越的錯覺中產生的喜悅。

——史賓諾沙（Spinoza）

你必須努力戰勝懶怠。坐在軟毛上，臥在被褥下，就沒有美名可傳頌。

——但丁（Dante）

誰在平日節衣縮食，在窮困時就容易渡過難關；誰在富時豪華奢侈，在窮困時就會死於飢寒。

——薩迪（Saadi）

豐子愷——「光『熱愛』，還不夠，還要『親近』他們，和他們共同生活。」

豐子愷簡介：

豐子愷（西元一八九八至一九七五年），浙江崇德（現屬桐鄉）人。漫畫家、作家、翻譯家、美術教育家。原名豐潤，又名豐仁。一九一四年考入浙江省立第一師範學校，從李叔同學習音樂、繪畫。一九二一年東渡日本，學西洋畫。回國後在浙江上虞春暉中學和上海立達學園任教。一九二五開始文學創作並發表漫畫。一九二八年任開明書店編輯。一九三一年出版第一本散文集《緣緣堂隨筆》。以漫畫著名藝壇。抗戰爆發後，舉家內遷，在任教的同時積極從事抗日文化活動。文學創作以散文為主。主要有《緣緣堂隨筆》、《緣緣堂再筆》、《緣緣堂續筆》等。漫畫有《子愷漫畫全集》。譯著有日本廚川白村的《苦悶的象徵》、俄國屠格涅夫的《初戀》和日本古典名著《源氏物語》等。出版有《豐子愷文集》。

豐子愷教子故事：

豐子愷是一個十分熱愛孩子又善於教育孩子的人。他對孩子傾注了深厚、真切的感情，真可說得上是「兒女情長」、「舐犢情深」了。

對於孩子的教育、培育，豐子愷的體會首先是「熱愛」他們。他說：「我和一般的青年父親一樣，疼愛我的孩子。我真心愛他們：他們笑了，我覺得比我自己笑更快活；他們哭了，我覺得比我自己哭了還悲傷；他們吃東西，我覺得比我自己吃更美味；他們跌一跤，我覺得比我自己跌一跤更痛……。」但是，光「熱愛」，還不夠，還要「親近」他們，和他們共同生活。

豐子愷先生孩子多，家裡幫手少，他就當「兼母之父」，常常抱孩子，餵孩子吃飯，唱小曲哄孩子睡覺，畫畫逗孩子開心，甚至和孩子一起用積木搭汽車，或坐在小凳子上「乘火車」。正是由於「熱愛」和「親近」孩子，使他贏得了孩子的心，在孩子眼裡，他不再是嚴厲的父親，而是一個不可缺少的知心朋友，他的言語、行動，孩子都喜歡，也容易接受，這就為教育他們打下了良好的基礎。

豐子愷從不用「主觀」和「粗暴」替代「熱愛」和「親近」，即使孩子犯錯，他也總是和顏悅色的開導、教育他們。動之以情，曉之以理，不人為的對孩子施加心理壓力，不扼殺孩子的創造性。

有一次，開明書店送來幾冊新出版的毛邊《音樂入門》，豐子愷用小刀把書頁一張一張的裁開，他的兒子瞻瞻側著頭，站在桌邊默默的看。後來，豐子愷有事外出了，瞻瞻就從書架上拿了一本連史紙印的《楚辭》，把它裁破了十幾頁。豐子愷回家時，瞻瞻得意的說：「爸爸，瞻瞻也會裁了！」豐子愷一見，怒不可遏，當下就大聲斥責瞻瞻，把孩子嚇哭了。事後，豐子愷心裡十分內疚的對孩子說：「瞻瞻，這在你眼中是何等成功的大事，何等得意的作品！卻被我一個驚駭的『哼』字全盤否定了，你一定抱怨爸爸何等不明吧。」從此，豐子愷再也不隨便訓斥孩子了。

育子點撥：

一個成年人保持點童心，「熱愛」和「親近」他們，對教育自己的孩子是很有益處的。這正是豐子愷教育孩子的一個可貴之處。

在下面的文字裡，筆者將對家長保持一顆童心的重要性進行一些論述。在生活中，如果做父母的仔細觀察，肯定會發現一個有趣的現象：孩子向父母詢問的往往是「大」問題，例如：天有沒有邊、人是從哪裡來的、有沒有外星人等等。其中有些問題甚至對今天的自然科學來說還是未解之謎。而成人所關心的往往是「小」問題：雞蛋一斤多少錢、張三什麼時候退休、李四廚藝怎麼樣等等。

但是只對「小」問題感興趣的成人卻擁有「話語霸權」，於是他們中的不少人認為孩子所關心的那些「大」問題是「瞎胡鬧」，經常冷眼對之。其實，這種做法是非常錯誤的。一般來說，孩子特別珍視他們這些天真的夢想。幻想對於孩子是一種珍貴的財富。心理學研究顯示，這主要是一種心理暗示在起作用。當人們受到暗示，認為自己將成為一個大人物的時候，就對自己產生了正面的暗示，長此以往就會在自己的心目中固化，形成一種正面的自我意象，最後就對自己的人生產生了正向的影響，從而獲得成功。

心理學和社會學都得出的結論卻是：沒有一點天真的情感以及幻想的人是不會有太大成就的，對孩子來說更是如此。

有個小學生寫了一篇作文，自己還擬了一個標題：蒼蠅是從哪裡來的？小作者在這篇不足百字的文章中說：

有一次摘下一個花朵，看見裡面有許多小小的蒼蠅，所以他認為蒼蠅是從花裡鑽出來的。老師對這篇作文大加讚賞，這個小學生受到了鼓勵，在後來的學習中勇於探索，成為一個很優秀的學生。

但是大部分「胡思亂想」的兒童卻不像這個小作者這麼幸運。很多人往往將這種作文視為胡思亂想，因為許多父母不懂得這種類「古怪」的想法的寶貴之處。而在西方國家，這卻是受到高度重視的。事實上，想像力是人類智慧的第一縷曙光，缺少幻想的人生是蒼白的！

然而孩子的想像力卻常常受到大人的嘲笑！這是一件令人感到悲哀的事情。孩子的想像力就是在成人的誤解中消失的！因此，身為父母和家長，在對待孩子上應保持一顆可愛的童心，尊重孩子的一些所謂天真的想法，以利於他們更好、更快樂、更健康的成長。

教子小徑：

1. 在生活中，豐子愷經常抱孩子，餵他們吃飯，和他們一起玩，從而贏得孩子的心，為更好的教育他們打下了良好的基礎。
2. 如果孩子犯錯，他也是動理曉情，和顏悅色的開導、教育他們。從不粗暴的對他們發怒。

名人教子名言：

想像力安排好了一切；它造就了美、正義和幸福，而幸福則是世上的一切。

——帕斯卡（Pascal）

沒有想像力，一切官能，無論多麼健康敏銳，都等於烏有。

——波特萊爾（Baudelaire）

幻想是詩人的翅膀，假設是科學家的天梯。

——歌德（Goethe）

傅雷——處處留心孩子的興趣、愛好

傅雷簡介：

傅雷（一九〇八至一九六六年），文學翻譯家。字怒安，號怒庵。上海市南匯縣人。一九二〇年代初曾在上海天主教創辦的徐匯公學讀書，因反迷信反宗教，言論激烈，被學校開除。一九二七年冬離滬赴法，在巴黎大學文科聽課，同時專攻美術理論和藝術評論。一九三一年春訪問義大利時，曾在羅馬演講過《國民軍北伐與北洋軍閥鬥爭的意義》，猛烈抨擊北洋軍閥。留學期間遊歷瑞士、比利時、義大利等國。一九三一年秋回國後，即致力於法國文學的翻譯與介紹工作，譯作豐富，行文流暢，文筆傳神，翻譯態度嚴謹。「文化大革命」期間，因受政治迫害，夫婦二人於一九六六年九月含冤而死。傅雷翻譯的作品，共三十多種，主要為法國文學作品。

傅雷教子故事：

傅雷有個兒子叫傅聰，他對兒子的教育十分嚴格，常常是冷酷、苛刻得不近人情。傅聰剛剛懂事，還不到入學年齡，他便為兒子自編教材，不許他外出玩耍，只把他關在房子裡，教他用功讀書。

儘管傅雷愛子心切，望子成龍，可是他並不越俎代庖，以自己的愛好代替兒子的興趣。傅雷擅長文學、外語，留學法國時專攻美術史，他卻沒有強迫兒子去當作家、翻譯家或畫家。

傅雷處處留心兒子的興趣、愛好。有幾次，他發覺幼小的傅聰愛聽古典音樂，就因勢利導，因材施教，決定讓兒子學音樂。

傅聰七歲時，媽媽朱梅馥賣掉自己的首飾，為他買了一架鋼琴，決心把傅聰「定向」培養成為鋼琴家。在培養兒子學鋼琴的同時，傅雷又很注意拓寬兒子的知識面，特別是文學修養。傅聰的語文課本，是傅雷親自編選、親筆用小楷工工整整抄好的。內容選自中國古典文學名著。這些從小打下的基礎，使傅聰受益不淺。

傅聰出國後，從一九五四年到一九六六年的十二年中，傅雷夫婦一共寫了三百多封長信給傅聰，殷切希望兒子在遠離親人、客居國外的情況下，時時、事事都要知道國家的榮辱、藝術的尊嚴，希望他以嚴肅的態度對待一切，努力做一個德藝兼備、人格高尚的藝術家。

育子點撥：

如今，傅聰已成為國際上一流的鋼琴家、成為中央音樂學院的兼職教授，這與傅雷當年留心兒子的興趣、愛好，尊重兒子意願並用心栽培兒子是分不開的。

在下面的文字中，我們僅就如何發現孩子的興趣和愛好進行一些論述。

在現實的一些家庭裡，可以發現這麼一種現象：每當孩子出現一些問題時，父母往往不給孩子申辯的機會，更不願傾聽孩子的訴說。或許是因為這些父母受傳統思想的影響太深，認為與孩子平等的交流「不成體統」？那真是一件令人感到悲哀的事情。

如果經常到網咖上網，肯定會注意到一個現象，許多十幾歲的男孩、女孩在那裡經常做的一件事就是聊天。不了解內情的人都認為他們被「網」在聊天室裡的原因是「網戀」。這當然也是原因之一，但是經過仔細觀察，也有不少的少男少女只是在網路上討論一些很普通的話題，如互相傾訴課業、生活上的煩惱等。而這些話題他們應該是可以和父母談論的，但是為什麼要選擇那個虛擬的世界呢？

可見父母與孩子之間是存在一定隔膜的。我們認為這種隔膜產生的原因之一就是：父母不尊重孩子的興趣愛好，而是用很功利的眼光來要求孩子學習各種他們並不感興趣的東西。

人的興趣本來就是單方面的，也許孩子起初不感興趣，但在父母的引導、鼓勵下，給予良好的環境和機會去學習，孩子也可培養出興趣來。不過，父母必須了解孩子的個別差異，他是否有能力學習，他是否願意學習，是否有時間學習，父母有沒有能力供孩子學習等等，這些都是需要再三考慮的。

何況，孩子的愛好是隨著成長，一再的選擇，一再的變更。有個孩子小時候喜歡打棒球，嚷著長大後要當棒球國手，他母親很擔心，因為棒球國手工作不好找。孩子的父親就告訴她，孩子的興趣是會變的，目前他愛打球，可以鍛鍊身體，也沒什麼不好的；現在，他很喜歡研究天文，科學知識甚至懂得比大人還多。所以說，孩子的興趣是很自然表現出來的，除非是不良的嗜好，否則不要太早指出一條路讓孩子走！

教子小徑：

1. 傅雷雖然盼子成龍心切，但他也沒強迫兒子去當作家、翻譯家，而是在發現兒子愛好音樂後，決定對兒子進行音樂教育、培養。
2. 在傅雷對兒子進行音樂教育的過程中，他很注意拓寬兒子的知識面。這些都使兒子的音樂基礎打得更牢。

名人教子名言：

在任何行業中，走向成功的第一步，是對它產生興趣。

——奧斯勒（Osler）

每一個人的進步是多一點還是少一點，這要看他的天資、他的興趣、他的需求、他的才能、他的熱情以及他所抓緊的機會。

——盧梭（Rousseau）

沒有強烈、入迷的興趣，就沒有科學家。

——涅斯梅亞諾夫（Nesmeyanov）

魯迅——「遊戲是兒童最正當的行為，玩具是兒童的天使。」

魯迅簡介：

魯迅（西元一八八一至一九三六年），原名周樹人，字豫才，浙江紹興人。近代中國偉大的文學家、思想家和革命家。一九一八年五月發表中國現代文學史上第一篇白話小說《狂人日記》，奠定了新文學運動的基石。一九一八年至一九二六年間，陸續創作出版了《吶喊》、《墳》、《徬徨》、

《野草》等專集，其中，一九二一年十二月發表的中篇小說《阿Q正傳》，是中國現代文學史上最傑出的作品之一。魯迅對中國的文化事業做出了巨大的貢獻：他領導和支持了「未名社」、「朝花社」等進步的文學團體；主編了《國民新報副刊》（乙種）、《莽原》、《奔流》、《萌芽》、《譯文》等文藝期刊；熱忱關懷、積極培養青年作者；大力翻譯介紹西方進步的文學作品和繪畫、木刻；收集、研究、整理了大量中國的古典文學，批判的繼承了中國古代文藝遺產，編著《中國小說史略》、《漢文學史綱要》，整理《嵇康集》，輯錄《會稽郡故書雜集》、《古小說鉤沉》、《唐宋傳奇集》、《小說舊聞鈔》等等。一九三六年十月十九日病逝於上海。

魯迅教子故事：

在教育孩子這個問題上，魯迅認為做父母的應該按孩子的特點施以教育，引導他們奮發向上。同時他反對用粗暴的壓服方法和放任自流、嬌生慣養的方法去教育孩子。

魯迅有個兒子叫海嬰，他對海嬰的教育，不僅在感情上，更重要的是在理智上，透過盡職的、合理、科學的教育，把父親的愛給了海嬰。他常說「遊戲是兒童最正當的行為，玩具是兒童的天使」。因此，魯迅經常買玩具給海嬰，一次，他為海嬰買了一套木工工具。海嬰常常用它敲打釘子，好像小工程師蓋房子。海嬰小時候非常好問，魯迅總是循循善誘、耐心的回答，啟發孩子的智力。孩子能懂的，便直接告訴他；稍難的，答應以後再慢慢解釋給他聽。每天晚上，魯迅總要抽出時間為小海嬰講有趣的故事，如黑熊如何生活、蘿蔔如何長大等。他還買了童話、遊記、動植物故事書給孩子；帶他逛公園、看表演等，來豐富孩子的知識。

魯迅十分尊重和信任孩子，注重說服教育，反對隨便打罵。他曾寫詩公開申明：「無情未必真豪傑，憐子如何不丈夫！」他認為：長者須是指導者、協商者，卻不該是命令者。所以，魯迅常以自己的行動潛移默化的教育兒子。他生活很儉樸，一繩一紙都要加以愛惜，把它們收拾起來整理好，放在抽屜裡備用。小海嬰深受父親的影響，在海嬰的抽屜裡，收存著繩子、針頭線腦等。直到海嬰的孩子也都學著這樣做，這可說是「魯迅家風」了。

魯迅認為，做父母的要不斷的用健康的思想、高尚的道德教育下一代。使他們知道怎樣抵抗，怎樣生存，怎樣發展，怎樣建設。他在〈死〉一文中，立下遺囑，特地關照家人：「孩子長大，倘無才能，可尋點小事情過活，萬不可去做空頭文學家或美術家。」

育子點撥：

魯迅主張應該按照孩子的特點進行教育，這一點在其兒子海嬰身上得到了很好的展現。

孩子的學習是每個家長和父母都十分關注的，下面我們就為人父母者如何根據孩子的特點正確指導孩子學習，為家長提供一些建議和做法。

近年來，隨著獨生子女數量的不斷擴大，對於孩子的學習問題，家長比過去更加操心和關切，有些家長教養得宜，收到了較好的效果，但也不排除有些家長熱情有餘，方法不當，自然徒勞無功，所以家長有良好的初衷，並不等於能教育好孩子。身為家長要注意以下幾點：

1. 不要對孩子嘮叨個沒完。

有的家長為了督促孩子抓緊時間讀書，總在一旁不停嘮叨：「別玩了，快抓緊時間寫作業」，「這孩子怎麼這麼健忘，總是丟三落四的」，「馬上要考試了，還不趕緊複習，再考不好，叫我怎麼有臉見人」，「我小時候讀書一向自動自發，你怎麼一點自覺也沒有……」。家長認為孩子自覺性很差，而在一旁嘮叨個沒完。其實，這種不斷重複的話，對孩子起不了多少教育督促作用，反而會引起孩子的叛逆心理，形成一種不良習慣——把家長的話當耳邊風，你說你的，我做我的。有的因怕家長，一時在你的嘮叨下寫作業了，卻是一種敷衍的態度，達不到真正的學習效果。

2. 總是數落孩子。

有的家長對孩子要求很嚴格，為了激勵孩子不斷上進，總是講孩子的不是：「你怎麼這麼笨」、「你能不能爭氣點，也考第一名。」、「你不好好學，以後當清潔工都沒人要……」家長認為這也是在教育孩子，多說說自己孩子的短處，說別人家的孩子如何如何好，會使孩子急起直追。但是錯了，孩子聽了這些刺激性的話、傷自尊心的話，會感到屈辱、憤怒，助長自卑心理，從而委靡不振。反正我就是笨，孩子在經歷一番痛苦後，心安理得的承認自己沒有用，不會再去奮力改變現狀。俗話說：「數子十過，不如獎子一功。」這是教育成功的一條基本原理，要努力發掘孩子身上的優點。

3. 硬性規定學習指標，達到有獎。

有的家長在對待孩子的學習上，缺少辦法，把公司規定的業績指標方法搬來用，要求孩子學習要達到什麼程度：考試成績，進入前三名獎勵什麼，前五名獎勵什麼，前十名獎勵什麼，考不好，罰什麼（不看電視，不出門玩，還有挨打等），孩子為了得獎免罰，必然努力去做。其實，問題並不這麼簡單，單純以物質獎勵、懲罰的辦法來鼓勵孩子學好，不是每次都能奏效的。有的孩子為達到家長的規定，想出了壞點子：與班上同學達成協議，幫忙完成作業或作弊取得好成績，再把家長的獎金分給他一半。這也就是單純用獎勵的辦法來激勵的一種結果。所以重要的是要幫助孩子明白學習目的，啟發孩子自覺性，教育孩子好學上進，培養孩子學習興趣。即使孩子一時無法掌握學習方法，也不可單以獎勵方法「吊胃口」，當然適當獎勵還是可以的，比如：獎勵適合孩子看的書、一支筆等。

4. 為了提高孩子的課業成績，而對孩子的學習採取疲勞戰術。

有不少家長望子成龍心切，認為孩子的學習就像在訓練運動員一樣，苦練多練才能出成績。於是，要求孩子抓緊一切時間學習，除了在學校讀書外，還額外找習題、試卷、參考書等，追加許多「家庭作業」。結果，孩子被弄得疲憊不堪，學習效率差，還會產生厭倦情緒，學習不再是令人感到有趣、興奮和嚮往的智力活動，學習是一種知識性工作，良好有效的學習規律應有張有弛。孩子適當的玩，也是一種休息，事實上，我們可以看到，許多成績優異的孩子，並沒有學得那麼痛苦、那麼疲倦。以上都是家長沒注意到自己孩子的特點，一味盲目求同的後果，這應當引起所有父母的重視。

教子小徑：

1. 魯迅認為「玩具是兒童的天使」，所以他經常買玩具給海嬰。
2. 魯迅對於海嬰的好問，總是循循善誘，耐心解答，啟發孩子的智力。
3. 魯迅總要抽出一些時間為海嬰講一些生動有趣的故事，豐富孩子的知識。

名人教子名言：

正確的教育青年，並不在於見不同作家的形形色色的詞句、名言、見解來充塞青年的頭腦，而在於發展他們的理解事物的能力，使這種能力像一個活的泉眼一樣能流出一道水流。

——康米紐斯（Comenius）

不要教兒童科學，而是要他們自己去發現科學。如果任意的教他，以老師的權威代替兒童理性的活動，則兒童理性停止活動，而成為他人意見的玩物。

——盧梭（Rousseau）

老舍——老舍表示贊同的，幾乎都是和玩有關的事情

老舍簡介：

老舍（西元一八九九至一九六六年），滿族，原名舒慶春，字舍予，生於北京。一九一八年夏天，他以優秀的成績由北京師範學校畢業，被派到北京第十七小學去當校長。一九二四年夏應聘到英國倫敦大學東方學院當中文講師。在英期間開始文學創作。長篇小說《老張的哲學》是第一部作品，由一九二六年七月起在《小說月報》雜誌連載，立刻震動文壇。以後陸續發表了長篇小說《趙子曰》和《二馬》。奠定了老舍作為新文學開拓者之一的地位。一九三〇年老舍回國後，先後在齊魯大學和山東大學任教授。這個時期創作了《貓城記》、《離婚》、《駱駝樣子》等長篇小說，《月牙兒》、《我這一輩子》等中篇小說，《微神》等短篇小說。一九四四年開始，創作近百萬字的長篇巨著《四世同堂》。一九六六年「文革」中不堪蹂躪辱投湖自盡。

老舍教子故事：

老舍生前不支持兒子當作家，他說：「我要是有個兒子，就讓他去當車夫，去拉拉車。「他覺得當作家第一要有豐富的生活經歷，第二要有文字功底。他認為舒乙是學工科的，文字功底肯定不好。第三個原因他認為舒乙不是天才，當作家必須是一個天才才可以。

但是舒乙用自己的成功證明，他選擇了適合自己的人生道路。舒乙說：「一個人靠吃父輩的飯，

是不可能在社會上站住腳的。他可以矇一兩個人，但是不可能得到社會的尊重，剛剛開始可能還可以，但是時間長了就不行了，我對自己長時間踏實的創作有信心。」

舒乙的成功除了他自身的勤奮和天賦以外，跟他從小所受的教育有關。

老舍對子女的學習採取了一種絕對超然的放任自流的態度，從未過問孩子的成績，也沒輔導過孩子功課。他表示贊同的，在當時的舒乙看來，幾乎都是和玩有關的事情，比如他十分欣賞舒乙對書畫有興趣、對唱歌有興趣、對參加學生會等社交活動有興趣。

他喜歡帶著舒乙去拜訪朋友、坐茶館、上澡堂。走在路上，總是他拄著拐杖在前面，舒乙緊緊跟在後面，他從不拉舒乙的手，也不和舒乙說話。

舒乙回憶說：「我個子矮，跟在他後面，看見的總是他的腿和腳，還有那雙磨歪了後跟的舊皮鞋。就這樣，跟著他的腳印，我走了兩年多，直到他去了美國。現在，一閉眼，我還能看見那雙歪歪的鞋跟。我願跟著它走到天涯海角，不必擔心，不必說話，不必思索，卻能知道整個世界。」

當舒乙讀國中三年級時，老舍就把舒乙當成大人了，採取了一種異乎尋常的大人對大人的平等態度。他見到舒乙，不再叫「小乙」，而稱呼「舒乙」，而且常常和舒乙握手，好像彼此是朋友一樣。

老舍和舒乙，這對父子是唯一的，但同時也是世界上無數對父子中的一對。

他受傷了，你卻什麼都不知道

你的完美安排，不能成為孩子的未來

育子點撥：

老舍以自己獨特的方式教育孩子，這其中有現代的家長可學習的地方，尤其是老舍在對舒乙讀國中後的尊重和平等對待上。下面，我們就從這一點進行一些論述。

其實，無論是小學生還是國中生，都盼望父母平等的對待他們，就連三歲的小孩子也有這種願望。一位三歲男孩的媽媽曾講述了這樣一個故事。

「我三十幾歲才生下兒子，對他格外疼愛。他兩歲十個月時，有一天晚上臨睡前坐在床上喝奶，不小心灑了一些在床上。我看著剛換的床單被弄髒，生氣的一把抓起他放在床頭櫃上，開始訓斥他。沒想到兒子滿臉委屈的說了一句：『媽媽，我愛你，妳還罵我？』兒子的一句話讓我特別內疚，趕忙對他說：『媽媽錯了，請你原諒。』」

在生活中，大人常常會因為孩子的一點小錯誤大發雷霆，但面對自己的失誤時，又有幾人能主動低下頭向孩子承認錯誤呢？

當今，大的社會背景要求人才的綜合素養要高，團隊合作意識強、能平等尊重他人、具有創新能力等特徵，這種素養的培養首先來自於家庭。

傳統的家庭教育是「家長制」、「灌輸制」，培養的結果是出現「順從者」、「定型人」，孩子缺少團隊合作理念，缺少創造力，沒有主動性，自我控制能力低下。家長作為孩子的第一個老師，

如何透過言傳身教，讓孩子從小就能體驗、感受到受人尊重和尊重他人所帶來的快樂，在家庭中體驗平等、真誠所帶來的團隊合作樂趣，激發孩子的社會化創造性就顯得很重要，所以，家長需要注意以下幾個方面：

1. 家長需要的，孩子同樣需要，尤其是受人尊重，平等相待；
2. 家長不希望孩子出現的行為，孩子對家長也有同樣的想法；
3. 家長的一片真心要透過正確的行為傳遞給孩子，讓孩子有所感受；
4. 家長可以陪伴孩子，但不是代替孩子；
5. 加強學習，與孩子共同成長。

教子小徑：

1. 老舍對兒子對書畫、唱歌感興趣，非常欣賞。其實這也是在鼓勵兒子要多方面涉獵知識，增進自己的素養。
2. 老舍經常帶兒子去外面，讓兒子多接觸社會，豐富閱歷。正如舒乙所說「不必說話，不必思索，卻能知道整個世界。」
3. 當兒子上國中時，老舍就把兒子當大人對待，表現出對孩子的尊重和平等。

名人教子名言：

尊重生命、尊重他人也尊重自己的生命，是生命進程中的伴隨物，也是心理健康的一個條件。

——弗羅姆（Fromm）

自尊自愛，作為一種力求完善的動力，卻是一切偉大事業的淵源。

——屠格涅夫（Turgenev）

沒有自我尊重，就沒有道德的純潔性和豐富的個性精神。對自身的尊重、榮譽感、自豪感、自尊心——這是一塊磨練細膩的感情的礪石。

——蘇霍姆林斯基（Sukhomlinskii）

柴契爾夫人——「我並不十分苛求孩子，要教育孩子懂得是非。」

柴契爾夫人簡介：

瑪格麗特·希爾妲·柴契爾（Margaret Hilda Thatcher，一九二五至二〇一三年），前英國首相、保守黨領袖。一九二五年十月十三日生於英格蘭肯特郡的格蘭瑟姆。先後獲牛津大學理學士、文科碩士學位。一九五九年當選保守黨下議院議員。一九六一至一九六四年任保守黨政府年金與國民保險部政務次官。一九六五至一九六九年先後任保守黨要職。一九七〇年保守黨再度執政，任教育和科學大臣。一九七五年當選保守黨領袖。一九七九年出任英國首相。一九八三年六月、一九八七年六月兩次連任。她不僅是英國歷史上第一位女首相，也是本世紀內執政時間最長的政府首腦。一九九〇年十一月，因政策分歧失去內閣支持，二十二日宣布退出保守黨領袖競選，並辭去首相職務。次年四月正式去職。曾四次訪問中國，一九八四年在北京代表英國政府與中國政府簽署了《中英聯合聲明》。二〇一三年四月辭世。

柴契爾夫人教子故事：

柴契爾夫人雖然在政壇上持強硬態度，以「鐵娘子」著稱。但在家中，她卻是個充滿愛心的母親，她把家庭視為避風港，盡可能抽時間陪伴兒女。

她是一位很嚴肅，感情從不外露的人，對孩子也是一本正經。她的孩子沒有小名，她叫他們「親愛的」，而不叫「寶貝」。她在與孩子玩耍時也注意言傳身教，而不僅僅是為了取樂。

柴契爾夫人說：「我並不十分苛求孩子，對他們的教育嚴到中等程度就行了，要教育孩子懂得是非，當然也得有些紀律，但是不要為了紀律而紀律，要說明道理。孩子會沒完沒了的問個明白，你要保持耐心的說明道理，答覆他們的問題。有些父母對自己的孩子說的太少，這是教育孩子的重要問題之一。我很幸運，有人幫忙照料孩子，他告訴我跟孩子談話有多麼重要。讓他們洗澡時，你得不停的和他們閒聊。當然，做母親的經常很忙，壓力很大，但也要設法擠出時間，把事情說清楚。每天都做得到的。問題不在於你在他們身上花了多少時間，而是在這些時間裡，你對他們的關心有多少。」

柴契爾夫人是位非常負責的母親，在孩子住校後，只要學校允許父母探視，她和丈夫一定去看望孩子。她願意讓孩子領略一些沒有領略過的事情，她利用星期天帶孩子去參觀藝術畫廊，去戲院看戲劇並向他們介紹一番。

兒子馬克是她的心頭肉，每當她在家時就侍候他，很少責備他。結果，有段時間馬克成了一個令人討厭的孩子，他總喜歡模仿父親的言行，有時拿起電話高聲嚷道：「我是柴契爾！」柴契爾夫人認為：即使是大人，在自己家中這樣接電話也是不禮貌的，而孩子這樣說就更不能容忍了，因此，她最終制止了馬克的這種不良行為。

出任首相後，家庭仍是她生活中的一個核心部分。她喜歡家人在她身邊，如果一連幾星期沒有兒女的消息，她會打電話問候他們。

他們一家人聚在一起的時候，很少談論政治。她需要有一個「避風港」，全家人也都尊重她這一需求。柴契爾夫人的事業成功，家庭生活也很快樂。關於家庭，她這樣說：「家庭非常重要，太重要了！快樂的家庭生活使你大不一樣。俗話說『血濃於水』，親人總比外人強，這種關係是相互的。一人有難，你總在他身邊；反之，不論你處境如何，他們也會總在你身邊。別人批評你，你可能受不了，但同樣的批評如果來自家人，你就能夠接受了。家是你的立身之本。家是你最後的歸宿。一旦有了孩子，就意味著有生以來你第一次要為他活著。從某種意義上講，這是空前的變化。孩子的遭遇如何，比對你自己還要關心得多……」

儘管柴契爾夫人把九成以上的精力投入到政治事業中，她在家中仍盡到了一個好母親的責任。

育子點撥：

柴契爾夫人讓孩子感受到家庭是多麼的溫暖，對此，她說：「家庭非常重要，快樂的家庭生活使你大不一樣……」

尤其值得一說的是，她對孩子問題的耐心答覆，這一點確實令人佩服。在現實生活中，能很好做到這點的父母是很少的。我們應該向柴契爾夫人學習。

讀國二的學生劉剛是一個性格內向、容易衝動的男生，父母是熟食小販。母親較在意兒子的課業問題，卻管不住他；而父親從不過問子女的教育，放任自流。劉剛不僅無心向學，成績非常差，而且性格暴躁，有時會為了不必要的發洩，無緣無故動手打同學。一次上課期間他硬要闖出校門，遭到守衛的阻攔，他順手抓起一張椅子就往守衛頭上砸去。

教育學專家解釋說，上述這樣的學生可歸為「失控學生」。所謂「失控學生」，是指學習與品德皆差，且漠視學校紀律，性格兇狠，情緒容易偏激，有突發的暴力傾向，挑動鬥毆，在校園惹是生非的典型學生。由於他們性格暴躁，行為暴烈，異常叛逆，成為老師心目中的「不定時炸彈」。此外，失控學生隨時會因某一原因引發對學校正常教學秩序的嚴重干擾，隨時會令學校增加非正常輟學率或違法犯罪率。

然而，過於嚴厲的家教也不利於孩子的正常發展，如學生王立品行頑劣，其家人有一次因他不聽教導，竟然在馬路上指著他向路人大喊「抓賊」，把他當小偷抓起來。這嚴重傷害了他的自尊心，從此以後王立更加自暴自棄，更與家人反目成仇，拒絕任何管束。

可以說，失控學生的存在是一個令社會、學校、家長憂慮的問題，如果不能及時有效的改變失控學生，他們當中的某個人明天也許就是社會中「犯罪低齡化」的新生兒。因此，失控學生的問題應當引起社會各界的重視，在學校，老師要對這部分學生動之以情，曉之以理；在家裡，父母應當多與自己的孩子溝通，教育方式也要適中，既不能對其放任自流，也要懂得耐心教導，不能光靠打罵來教育孩子，也就是說，對他們的教育要把握好一個分寸。

教子小徑：

1. 別太苛求孩子，要教育他們懂得是非。
2. 要耐心答覆孩子的問題。

3. 抽出時間多陪陪孩子，多關心他們。
4. 讓孩子多領略一些沒有領略過的事情。

名人教子名言：

要是您想達到自己的目的，您必須用溫和一點的態度問候人家。

——莎士比亞（Shakespeare）

禮貌舉止好比人的穿衣——既不可太寬也不可太緊，寬裕而不失大體，如此行動才能自如。

——培根（Bacon）

禮貌是兒童與青年都應該特別小心養成習慣的一件大事。

——洛克（Locke）

湯瑪斯·傑弗遜——「要靠她自己獨立思考和行動。」

湯瑪斯·傑弗遜簡介：

湯瑪斯·傑弗遜（Thomas Jefferson，西元一七四三至一八二六年），生於維吉尼亞，在威廉瑪麗學院學習，然後讀法律。西元一七六七年取得律師資格。西元一七七六年，參加《獨立宣言》五人起草委員會，成為宣言的主要起草人。同年重返維吉尼亞議會，制定宗教信仰自由法案。西元一七七九任維吉尼亞州長。西元一七八四年出任駐法公使。西元一七八九年任國務卿。西元一八〇〇年當選總統。他起草了《維吉尼亞宗教自由法規》，並在州議會上通過這一法規，實現了政教分離。傑弗遜好學多才，興趣廣泛。他懂得拉丁語、希臘語、法語、西班牙語和義大利語。他還對數學、農藝學和建築學，甚至提琴等感興趣。人們稱他是天資最高、最多才多藝的美國總統。傑弗遜作為美國資產階級民主派傑出代表，與華盛頓和林肯齊名。西元一八〇三年，他決定購買路易斯安那，使美國國土幾乎擴大了一倍。西元一八〇四年連任。離職後，他創建了維吉尼亞大學，擔任了該校第一任校長。在《獨立宣言》五十週年紀念日的那一天，他與世長辭。

傑弗遜教子故事：

作為美國總統，傑弗遜是值得稱頌的。作為普通人，傑弗遜對待妻子、對待女兒的態度及做法足以成為幾代人的楷模。

在傑弗遜三十八歲那年，他的妻子便因病而逝了。妻子死後，他擔起了父母親的雙重責任。他有三個孩子，他把兩個小女兒託付給了妹妹照管，把大女兒帶在身邊。他為女兒聘請了最好的音樂、舞蹈和繪畫老師，制定了詳細的閱讀計畫。

他在給友人的信中說：「我為她制定的閱讀計畫，不同於那些我認為最適宜於美國以及其他國家女孩的計畫，我不得不在計畫裡加入我的觀點，這些觀點她現在還不會理解，但我考慮到將來她可能會主持自己的小家庭。當然，她受到的家庭教育將來大約還要靠她自己去獨立思考和行動。因此，在讀較為嚴肅的科學書籍時，我要替她加上一定數量的最好的詩人和散文家的作品。」

在他得到將要出使法國的消息時，他將女兒送到費城，培養她對詩歌、音樂、繪畫的欣賞能力。這期間，他寫了一系列的書信給女兒，這些書信多方面的顯示了他們父女之間的關係和他對女兒寄予的厚望。

他給女兒的第一封信就替她訂定了一個作息表，他還明確的表示了做父親的期望。他寫道：「我為妳請了很多老師，我希望妳在他們的教導下學到各種知識，這將表示妳沒有辜負我對妳的疼愛，妳要好好學習，切不可讓我失望。我最大的幸福就是看到妳好……」

對一個十一歲的小女孩提出這樣的要求，真可謂用心良苦。他不僅對大女兒要求是這樣，對其他女兒的要求也是如此。

他曾對孩子說：「下定決心的人永不怠惰，從不浪費時間的人不會抱怨時間不足，只要努力的做，就會做成許多事情。」

傑弗遜曾答應過妻子絕不再娶，不讓孩子受繼母的氣，所以他潔身自愛，為了孩子，他一直保持單身，一直肩挑父母雙重負擔。

對童年時期的女兒而言，傑弗遜就像一位慈愛的母親，無微不至的關心著她們的一切。當她們漸漸長大以後，傑弗遜又像一位朋友，注意並尊重她們的意願和選擇。大女兒在法國期間，曾認真表示要當一名修女。傑弗遜不同意，但他沒有斷然反對，而是設法用其他的思想去分散她的注意力。後來女兒愛上了一個優秀的青年，傑弗遜對此很滿意，但他沒有說什麼，把選擇權交給了女兒，讓她憑自己的感情自由選擇意中人。

傑弗遜在辭去公職返回家鄉時，和女兒一家人生活在一起，外孫為他帶來了無窮的快樂。

育子點撥：

傑弗遜對子女的教育和愛護可說是全方位的，從子女的學習、工作到愛情、婚姻，他都做了一個父親應該做的，尤其是他要求子女獨立思考和行動這一點，可說是意義深遠。

下面我們就從如何培養孩子的思考和動手能力上，為父母提供一些建議和指導。

多聽、多看、多動手、多思考是培養孩子想像力和創造力的最佳方式，孩子容易接受，所以父母應重視這幾方面的教育，以便為孩子成才奠定良好的基礎。

1. 多聽。

從孩子出生前就要進行胎教，母親要多聽音樂和文學作品朗誦等，出生後父母要經常和嬰兒說話交流感情，讓孩子聽音樂，為孩子講故事，介紹玩具，介紹聲音，孩子不懂的事就反覆講解給他們聽，講多了、聽多了，孩子自然會理解，這樣對孩子的智力、想像力的發展有很大益處，對發展孩子的語言能力及以後的社交能力、表達能力和創造能力都會有很大的好處。做父母的不要怕麻煩，要耐心的為孩子創造條件，結合孩子的年齡特點讓孩子進行聽力的練習。

2. 多看。

父母要多多引導孩子觀察日常生活用品、自然現象。天上的雲，地上的花、樹、動物、礦物、人物，以及人的內心活動的變化等都是觀察的對象。透過看，孩子會說：「這是什麼呀？叫什麼名字？有什麼用？」反覆讓孩子觀察和想像，引起孩子對客觀事物的興趣。只要引導孩子多觀察、會觀察，培養他們主動積極的精神，這樣他們不用大人提示也會主動去觀察，自己發現問題、研究問題，養成愛觀察、愛探索的習慣。

3. 多動手。

凡是孩子能動手做的事，父母要鼓勵支持孩子自己動手做，千萬不能養成事事包辦代替的習慣。要為孩子創造條件，不會做的教孩子做，鼓勵他們反覆練習，如穿、脫衣服，兩歲左右就要練習，洗手、洗臉也在兩歲左右開始練習。

隨著孩子年齡的成長，要多引導孩子自己動手活動，不要怕做錯，不要怕麻煩，事事訓練孩子自己動手，有利於孩子大腦的發育和創造能力的開發，對培養獨立生活能力和獨立思考習慣都有很大的好處。

4. 多思考。

凡事都要問個為什麼，當孩子問題多的時候「那是什麼呀？在哪呀？為什麼呀？」父母應該高興，並準確的給予孩子答覆，不要怕麻煩也不要嫌孩子打破砂鍋問到底。遇事應該多多向孩子提出問題，注意提的問題要有利於孩子思考，不要一下子把答案說出來，多問幾個為什麼，提高孩子學習的主動性、積極性和創造性。鼓勵孩子思考問題，能培養孩子分析和解決問題的能力。

教子小徑：

1. 傑弗遜為孩子請了許多家教，著重培養孩子各方面的能力，並制定了詳細的閱讀計畫。
2. 對女兒的婚姻，出於對女兒的尊重，他把選擇權交給了女兒，而沒有進行干涉。

名人教子名言：

要提倡獨立思考。老話說：「打破砂鍋紋（問）到底」，這是形容人的求知欲旺盛，如果把它理解為不要獨立思考，什麼都從頭問到底，那就錯了。

——盧嘉錫

要是失去了能獨立思考、獨立判斷、有創造能力的個人，社會的向上發展就不可想像。

——愛因斯坦（Einstein）

一旦你能說出自己思考的，而不是別人為你想好的東西，那就說明你正在成為一個了不起的人。

——詹姆斯．馬修．巴利（James Matthew Barrie）

托爾斯泰——「要鼓勵孩子，在任何環境下都能嚴格約束自己。」

托爾斯泰簡介：

列夫．托爾斯泰（Lev Tolstoy，西元一八二八至一九一〇年），十九世紀俄國最偉大的作家。出生於貴族家庭，西元一八四〇年入喀山大學，受到盧梭、孟德斯鳩等啟蒙思想家影響。西元一八五一至一八五四年在高加索軍隊中服役並開始寫作。西元一八五二年進入文學界，其成名作：自傳體小說《童年》（一八五二）、《少年》（一八五四）、《青年》（一八五六）。中篇小說《哥薩克》（一八六三）。西元一八六五至一八六九年，托爾斯泰創作了長篇歷史小說《戰爭與和平》，這是其創作歷程中的第一個里程碑。小說結構宏大，人物眾多，典型形象鮮活飽滿，是一部具有史詩和編年史特色的鴻篇巨作。西元一八七三至一八七七年，他經十二次修改，完成其第二部里程碑式巨著《安娜．卡列尼娜》，小說藝術已達爐火純青。一八七〇年代末，托爾斯泰的世界觀發生劇變，寫成《懺悔錄》。特別是西元一八八九至一八九九年創作的長篇小說《復活》，是他長期思想、藝術探索的總結，也是對俄國社會批判最全面深刻、有力的一部著作，成為世界文學不朽名著之一。西元一九一〇年十一月病逝於一個小車站，享壽八十二歲。

托爾斯泰教子故事：

托爾斯泰一生共有十三個子女，他非常重視對子女的教育。托爾斯泰常親自教育自己的孩子，但絕不逼迫他們做不願做的事情，並能及時發現孩子的特長和興趣，加以正確的引導。

他替孩子買了書，有時候晚上為他們讀各種故事，並為讀過的書做圖畫，孩子都很高興。他發現女兒對美術感興趣，便親自去圖拉為她請來了美術老師，當全家遷居莫斯科後，又把她送進繪畫、建築雕塑藝術學校。他十分關心女兒的成長，不僅循循善誘的向女兒灌輸自己的藝術觀點，而且在讚許她謙虛謹慎的同時，教導她要認真學習繪畫技巧，幫助她樹立信心。托爾斯泰常請出入他們家的藝術大師列賓、蓋伊等人指導女兒學習，致使女兒在繪畫方面成績斐然。

托爾斯泰對子女的教育絕不採取枯燥的說教或嚴厲的懲罰，只需他看一眼，孩子就會領悟到自己做的對還是不對。對父親是不能說假話的，在他那銳利的目光下，任何東西都無法掩藏——這是托爾斯泰所有子女的共同感覺。他的這種做法培養了孩子正直、善良、襟懷坦白的品格。他還鼓勵孩子寫日記並常親自翻閱，一方面提高他們的寫作程度，另一方面也是為了檢查他們的生活。隨著年齡的成長，孩子的情緒時有波動，托爾斯泰總是能敏銳的注意到這些波動，盡一切可能接觸他們的心靈，開導他們，啟發他們，使他們身心健康的成長。

托爾斯泰鼓勵孩子完善自己的人品，而不是外表的奢華，鼓勵他們在任何環境下都能嚴格約束自己。他教育孩子不要為任何外在的東西感到羞愧，即使穿的不如別人也根本不必在意，因為這在真正的生活中並不是非常重要。有時候，儘管孩子很努力，但在周圍環境的影響下，利己主義的欲望還是會對他們造成不良影響。一旦發生了這樣的情況，托爾斯泰總是以慈父的諄諄教誨，幫他們迷途知返。全家遷居莫斯科以後，年僅十八歲的大女兒有一陣子像貴族階層的其他青年男女一樣，迷戀上流社會的燈紅酒綠。然而在父親的教導下，她很快又找到了屬於自己的正確生活方式，父親不失時機的在信中稱讚她：「妳做的很好，我的好女兒，妳轉變了看法，這是我唯一的希望和不敢奢求的快樂。」

托爾斯泰還教育孩子要懂得謙讓，學會愛人，與人為善，不要高傲無禮，要嚴以待己，寬以待人。他對孩子說：「當你跟別人發生口角時，盡可能嘗試引咎自責，承認自己的錯誤。」當孩子有過激的言辭、片面的想法或者輕率又膚淺的去評論別人時，他總是以溫和委婉的態度予以糾正。

「這個人太蠢了。」女兒說。

托爾斯泰若無其事的問道：「有比妳蠢嗎？」

當女兒談到一個男子令人討厭，一個女子簡直不像樣，父親總是這樣問道：

「比妳還令人討厭，比妳還不像樣嗎？」

這樣的問法也許在當時不能一下子使女兒意識到自己的錯誤，但它是恰當的，這種教訓是有好處的，它使女兒即使成人之後也永遠記著。

托爾斯泰用自己的方式對子女進行言傳身教，使孩子德才兼備，健康成長，在各方面做出成績。

育子點撥：

托爾斯泰教育子女時，最突出的一點就是絕不逼迫孩子做不願做的事，這點值得現在的家長和父母借鑑。而筆者也要從這一點上進行一些論述。

在現實生活中，我們命令孩子做事情，或強迫他去做，是在顯示我們的權力，而這種權力無非是身份、年齡或體力的差別，孩子當然無法在這些方面與大人競爭。我們這樣做便導致了權力之爭，這並不意味著我們不能引導和影響孩子具有良好的習慣，而去做正確的事情，只是意味著我們應該找到不同的、有效的培養孩子良好習慣的方法。

看看下面的這個小例子，對家長有一定的啟發。

麗麗已經十二歲了，媽媽成功說服她自己洗換下來的衣服。兩週過去了，事情很順利。每到週末，麗麗就把自己的衣服洗淨疊好、放好。然而有一個週末，媽媽發現麗麗的髒衣服堆了一堆卻不去洗，就批評她。麗麗答應下次不會忘了。接下來的一週，麗麗還是沒洗。她已有兩星期沒洗衣服，幾乎沒剩幾件乾淨的衣服了。這次媽媽準備冷眼旁觀。她不再理會麗麗。麗麗的衣服留在那裡沒有洗，只好不換衣服。但髒衣服的堆積似乎並沒有使麗麗感到為難，她從髒衣服裡揀出稍微乾淨一點的繼續穿，她心想：「我就是不去洗那些衣服。」媽媽天天看著那些髒衣服，越來越惱火，終於有一天，她狠狠的訓了麗麗一頓，當著她的面扔掉了一些太髒的衣服。麗麗雖然被罵哭了，卻暗自高興：「妳把太髒的衣服扔掉了，我還不想要那些衣服呢，正好合我心意。」媽媽把她拉到洗衣機旁，強迫她把衣服洗了。「妳記清楚了嗎？下次及時洗起來，否則沒有衣服穿！」

麗麗沒有按照約定按時洗自己的衣服，媽媽大為光火，最後用強迫的手段讓麗麗洗了衣服。在兩人都很生氣的時候要求麗麗按時洗衣服，媽媽用冷眼旁觀作為一種懲罰，而麗麗最可能的反應是「還是不去洗，讓她看一看」。事實上，如果媽媽能耐心一點，可以再堅持幾天，看一看最後麗麗怎麼辦，她不可能永遠穿髒衣服。其實麗麗只是想讓媽媽知道，她並不願意讓別人強迫自己做什麼事情。她寧願穿髒衣服，也不願受媽媽支配。

這件事的正確處理方法應該是媽媽不要再對麗麗不洗衣服的行為提出意見。當媽媽將洗衣服的工作交給麗麗管理時，就承認麗麗已足夠大，可以自己處理這件事，不需要媽媽操心，洗不洗衣服是麗麗的事。如果麗麗不洗，她就穿髒衣服。一個女孩子其實很小就開始愛打扮，愛乾淨，她懂得什麼是美觀漂亮，什麼是邋遢骯髒。她不可能長期穿髒衣服，但她絕不希望媽媽干涉，一大堆髒衣服留在洗衣機旁，是對媽媽干涉的抗議。媽媽強迫麗麗洗衣服是運用權力，許多父母在無法實行有效的教育手段時，往往會運用權力強迫孩子入軌，這是很武斷的，也是很難成功的。媽媽感到她的權力地位受到威脅，因為麗麗不聽她的勸告。當然媽媽也非只有一個選擇，除了使麗麗自覺的洗衣服，媽媽可以陪麗麗談話，了解她不洗衣服的原因。比如，先明白麗麗為什麼洗著洗著就不洗了、不保持這種好習慣了，會不會是麗麗有幾件衣服舊了、小了，她不想穿了？如果是這種情況，媽媽可以耐心的和麗麗聊天。麗麗會告訴媽媽，她不喜歡哪幾件衣服，這樣，就能避免一場長時間的權力鬥爭。

教子小徑：

1. 托爾斯泰買書給孩子，並為他們講故事。他發現女兒對美術感興趣後，為她請來了美術老師，還向她灌輸了自己的藝術觀點，幫助她樹立學習的信心。
2. 托爾斯泰總用目光注視孩子，讓他們察覺自己做的對與錯。
3. 托爾斯泰鼓勵孩子寫日記，以提高他們的寫作程度，也便於檢查他們的生活。
4. 如果孩子在成長的過程中有了情緒波動，托爾斯泰會及時的和他們交流、談心，開導、啟發他們，以利於孩子健康成長。
5. 托爾斯泰教育孩子要注重內在的修養，而別太在意外在的美麗，應嚴格約束自己。
6. 托爾斯泰教育孩子要懂得謙讓、與人為善、寬以待人，不要輕率而膚淺的評論他人。

名人教子名言：

能自制的人就是最強有力的人。

——塞內卡（Seneca）

有了自制力，就不會跟人翻臉，或暴露出足以引起不幸的弱點來。

——萊特（Wright）

要進行嚴厲的自我克制，因為這種克制本身就可以作為人的一種精神上的寄託。

——泰戈爾（Tagore）

第五章 溝通——讀懂孩子這本「書」的最有效途徑

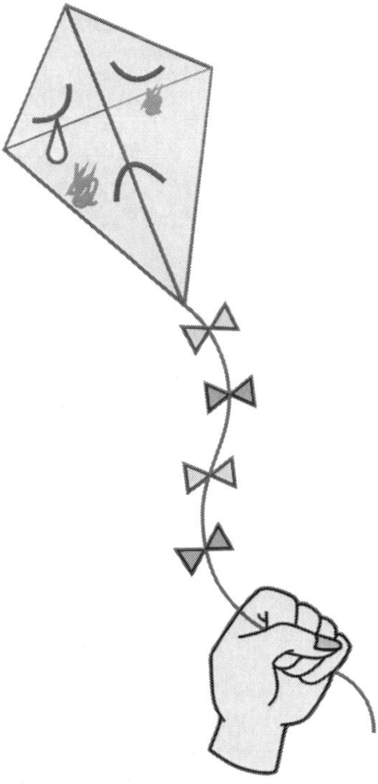

有效的溝通是人與人之間非常重要的一個部分。任何一個人，如果離開了別人的理解和支持，即使能力再強，終究無法成事。

溝通之所以重要，乃是因為人和人之間充滿了差異和不同，對同樣一個行為和動機的理解也往往是不一致的。如果你不耐心的解釋和溝通，在另外一種處境下的人是很難正確認知和理解你的行為和動機的。而矛盾一旦加深，就會越來越難以化解。

陸游——「古人學問無遺力，少壯工夫老始成。」

陸游簡介：

陸游（西元一一二五至一二一〇年）南宋詩人，字務觀，號放翁，越州山陰（今浙江紹興）人。陸游自幼好學不倦，在飽經喪亂的生活感受中受到深刻的愛國主義教育。二十九歲時，赴南宋首都臨安（今杭州）應鎖廳試，名列第一。淳熙十五年，陸游在嚴州任滿，卸職還鄉。不久，被召赴臨安任軍器少監。次年，光宗即位，改任朝議大夫禮部郎中。於是他連上奏章，諫勸朝廷減輕賦稅，結果反遭彈劾，以「嘲詠風月」的罪名再度罷官。此後，陸游長期蟄居農村，於嘉定二年十二月二十九日（西元一二一〇年一月二十六日）與世長辭。陸游是一位創作特別豐富的詩人，集中存詩共約九千三百餘首。陸游的詩大多以反映當時南宋的現實為主，被譽為「詩史」。除七律外，陸游在詩歌創作上的成就當推絕句。陸游的詩雖然呈現著多彩多姿的風格，但從整體創作傾向看，還是以現實主義為主。他繼承了屈原等前代詩人憂國憂民的優良傳統，並立足於自己的時代而做了出色的發揮。

陸游教子故事：

陸游一生有六個兒子，他非常重視兒子的教育。為自己的孩子寫詩，是陸游進行家庭教育時經常使用的方法。他留下的九千多首詩中，教子詩就多達三四十首，字裡行間流露出殷切希望兒孫長大後讀書愛國的理想。

他平時總對兒子說，我家貧窮，沒有財寶，但是有一大堆舊書，這是寶貴的財富，你們一定要讀遍它。他經常告誡兒孫，做學問很辛苦，要有堅強的毅力，持之以恆，千萬不可半途而廢。

在一個冬季的夜晚，外面寒風凜冽，四處沒有一點人聲。陸游手捧書卷，坐在油燈前認真的讀書。突然，猛一陣劇烈的咳嗽，把睡在身邊的小兒子陸子聿給吵醒了。看到父親這麼晚了還沒有睡，子聿爬起來走到父親身邊：「爸爸，您這些年來讀了多少書，做了多少事啊！您太累了，該休息了！」

聽到兒子如此關心自己，陸游欣慰的笑了：「唉，你年輕，還不懂啊！」他站起來在屋裡走了幾步，又回到書案前，順手拿起紙筆，「刷刷刷刷」幾筆，一首〈冬夜讀書示子聿〉就寫好了：

古人學問無遺力，
少壯工夫老始成。
紙上得來終覺淺，
絕知此事要躬行。

陸游做這首詩的主要意圖是要教育子聿：古人做學問都要花上全部力量，年輕時下了工夫，年老時才能有成就，光從書本上得來的東西總還淺薄，親自去做才能真正明白。讀著這首詩，使子聿又受到一次深刻的教育。

陸游生活在民族矛盾日益尖銳的年代，親眼看到金兵蹂躪中原人民，飽嘗了戰亂流離的痛苦，他畢生追求的是實現國家的統一。他渴望作為一個英勇的戰士，走上保家衛國的最前線，然而由於封建統治者的腐敗無能，他卻是「報國欲死無戰場」，一生壯志未酬。於是他把希望寄託在兒孫身上，勉勵兒孫不要忘記收復中原大業。陸游在八十六歲臨終那年，寫了一首〈示兒〉詩：

死去原知萬事空，
但悲不見九州同。
王師北定中原日，
家祭無忘告乃翁。

這首詩的意思是：早就知道死後萬事對我來說都無關緊要了，我只是為國家尚未統一而感到悲哀。當國家的軍隊收復了被占領的中原大地時，孩子啊，你們祭祀祖先，千萬別忘了告訴我啊！陸游的這些詩篇使他的子孫受到了極大的教育，並成為我們後人學習的楷模。

育子點撥：

詩歌是一種特殊的文學形式：結構簡單、音節和諧、押韻，文字精美。青少年和兒童對於詩歌有一種奇異的記憶力和理解力。陸游把對待子女的滿腔摯愛和殷切期望熔鑄在詩歌這種特殊的形式裡，勉勵孩子認真讀書，成才報國，仍是值得今天的父母借鑑的。

在歷代的示兒詩中，對子女的教育是多方面的：有教子成邊衛疆，報效國家的；有教子修身養德，正直做人的；有教子勤勞節儉，廉潔奉公的；更多的是教子珍惜時光，勤奮好學的。

如果真的能用享受的心態去陪伴孩子的成長，那麼每一個平凡的日子都可以被寫成詩，父母和子女就是真正幸福的人。成功的教育總是無痕的，它完成在點點滴滴的生活中。

教子小徑：

1. 在平時的生活中，可以把對生活的切實感受以詩歌的形式表現出來，從而告誡子女應注意的部分。
2. 也可以透過詩歌寄託對子女的期望，促使他們奮發向上。

名人教子名言：

專讀書也有弊病，所以必須和社會接觸，使所讀的書活起來。

——魯迅

趁年輕少壯去探求知識吧，它將彌補由於年老而帶來的虧損。智慧乃是老年的精神的肥料，所以年輕時應該努力，這樣年老時才不致空虛。

——達文西（Leonardo da Vinci）

要想獲得有用的知識，從來沒有嫩草萋萋，百合盛開的小路供你行走；人們總是沿著溜光陡峭的山岩去奮力攀登。

——羅斯金（Ruskin）

朱熹——「一個人老是在家中，很容易被親人的溫情所軟化。」

朱熹簡介：

朱熹（西元一一三〇至一二〇〇年），南宋哲學家、教育家。字元晦，又字仲晦，號晦庵，別稱紫陽，徽州婺源（今屬江西）人，出生於福建南平龍溪。是南宋著名的哲學家、教育家，也是中國哲學史上的巨星。朱熹曾任祕閣修撰等職，廣注典籍，對經學、史學、文學、樂律以至自然科學有不同程度的貢獻；他繼承了北宋程顥、程頤的理學，完成了客觀唯心主義的體系，是宋代理學的集大成者；著有《四書章句集注》、《詩集傳》等。他曾在白鹿洞書院講學，又建紫陽鵝湖書院，從事教育五十餘年。朱熹的哲學是入世的哲學，是關於社會發展和人間萬物的哲學，以人為中心，「理」是人類社會的最高準則，也是人類所憧憬的人生最高境界，是精神的理。朱熹的學說，在他晚年被斥為「偽學」。但他仍堅持講學，直到西元一二〇〇年死時，還在修改《大學．誠意章》。西元一二〇九年，朱熹才被恢復名譽。寶慶三年（西元一二二七年）。宋理宗下詔，特贈朱熹太師稱號，追封信國公，並提倡學者習讀朱熹著作。從此，以朱熹為代表的理學成為中國的正宗思想體系。

朱熹教子故事：

南宋時期著名的學者朱熹，有一天把兒子朱在叫到面前，嚴肅的說：「你現在已經長大了，不能老待在家中，你應該離開我，到外地訪求名師，以便使自己的學問更有長進。」

朱在聽後，很不理解父親的意思，就說：「我經常看到許多人不遠千里前來向您求教，我也曾多次聽人說您是當今最有學問的人，為什麼我還需要離開家另求老師呢？」

朱熹說：「你年紀輕，不懂得這其中的道理，讓我先從自己的經歷說起吧……」

隨後，朱熹就把自己的父親是怎樣教育自己的跟朱在談了談。「我剛會說話時，父親就教我認識自然景物，並結合學習儒家經典。後來父親因反對秦檜的投降賣國政策被趕出朝廷，不久病逝。臨終前他把我叫到面前說：『你一定要努力上進啊！胡原仲、劉致中、劉彥沖三人學識淵博，根基深厚，我死之後，你一定要前去拜他們為師。』我遵從父親的教誨，後來徒步數百里求訪名師，從而使學問大有長進。」

「在家庭生活方面，由於父親早逝，全靠母親一人工作維持生計，所以很清苦，曾多次受到斷炊的威脅。後來我當了官，有了一些威望，但一直保持著儉約的作風。」

朱熹這些回憶使朱在受到很大啟發，朱熹又說：「一個人老是在家中，很容易被生活瑣事纏住，並被親人的溫情所軟化，這樣就很難在學問上有大的長進。自古以來，都是名師出高徒，光靠父母教誨是不夠的。即使父親的學問再大，只憑父教子學，也難以育出英才。因為父母很難做到對子女持之以嚴。所以，你還是應離我膝下，千里求師才對啊！一個年輕人，不到外面吃點苦，是不容易長進的。」

朱在聽了父親的訓示，逐漸明白父親的用意，過了幾天，他就離開父母，到外地求學去了。

兒子臨行之前，朱熹又想到：孩子獨自在外會遇到各式各樣的人，而結交什麼樣的朋友，對孩子的成長影響甚大，他連夜提筆書寫了一段話，專門告誡兒子要慎重交友，大意說：

與他人交往，應當慎重選擇朋友，雖然都是同學，但也不可沒有親近與疏遠之分。誰親誰疏應當先向先生請教，聽從他的指導。大體說來，為人敦厚忠誠講信用，又能改正自己錯誤的人，就是有益於自己的好朋友。那些諂媚奉承、輕薄放蕩、粗野傲慢、教唆他人做壞事的人，就是對自己有害的壞朋友。根據這一點來考察周圍的人，自己也應當能辨認五、七分，再加上向老師請教來進行判斷，那就會百無一失。怕的就是你志趣低級平庸，不能嚴格要求自己不斷進步；那麼，雖然不想疏遠對自己有益處的朋友，卻也越來越疏遠了；雖然不想接近那些有損自己的壞朋友，事實上卻日益親近了。這種情況是必須痛加檢點堅決改正的，萬不可隨著時光的流逝而逐漸放鬆警惕，墮落進「小人」的行列，到那時候，即使有再賢良的師長，也無法拯救你了。

朱在謹記父親的教誨，外出求學，進步很快，後來官至吏部侍郎。

育子點撥：

故事中的朱熹對兒子的教誨，兒子開始不理解，但在聽了父親的回憶後，表示了極大的贊同。這一做法還是有一定的科學性的。有為當代父母借鑑之處。

當孩子進入一定年齡層時，他們開始需要友誼，需要同伴，如何幫助孩子學會慎重交友，建立和發展正確的同性異性交往，讓他們在團體生活中經過困難、磨練，真正獨立起來，是一個至關重要的問題，這一點應引起父母的高度重視。

朋友是第二個造就孩子品行的因素。管寧割席絕交的行為表現出交友的重要性。這也說明了我們一定要仔細篩選朋友。

做父母的在對待孩子交友的問題上，應該秉承一定的交友原則為孩子做出榜樣（這些原則也要讓孩子牢記）。若要朋友尊重你，先要尊重對方。恭而敬之，才可贏得朋友的尊敬。交友，需嚴於律己，寬以待人。嚴於律己，就是要嚴格約束自己，盡量減少過失；寬以待人，便是對人要寬厚容讓，和氣、大度。更重要的一點是，勿以門楣高低論朋友，有時「一貴一賤，交情乃現」。寬，不僅是交友的一種胸懷，更多的是一種修養，寬則得眾。與朋友相交，要以誠相待，切不可虛情假意。讚美的話要出自真心，批評的話要與人為善。當然，批評還要講究方式方法，但無論採取什麼方式，與人為善是最根本的。

父母在遵循以上的交友原則的同時，還要做到以下幾點。

首先，要急人之難。朋友有事，要全力相幫，而且要幫到底，不能半途而廢。友情的可貴就展現在急難之時。這種幫忙不需對方回報。如果為朋友做點事，就等著對方回報。那就不是友誼，而是交換。金錢、物質在生活中變得越來越重要，但真誠的友誼是無價之寶。

其次，與朋友相交既要尊重別人，更要自重，特別是與地位比自己高的人相交。不要利用友情謀求私利，否則會影響友誼。友誼雖不像愛情脆弱，但也需要細心呵護，否則就可能中途夭折。古人說，禮尚往來，尊重總是雙方的事，但是要贏得別人的敬重，除了要敬重別人，更要自重，要有完美獨立的人格。朋友升遷了，你要向他祝賀，但不要希望朋友提攜你。「一人得道，雞犬升天」，這樣的人是可悲的。

再次，交友要寬，但也要慎。就是說，交友「寬」，是寬在人的社會身份，三教九流，無不可交；「慎」，是慎在人的內在品質。販夫走卒，只要品格高尚，心地善良，當然可交，但殺人越貨之徒卻斷不可交。交友不慎，導致貽害終生的事時有耳聞。從這個角度說，交友不可不慎。

最後，交友的最高目的是心靈的溝通，提升彼此的精神境界。事業上的夥伴固然可以成為朋友，酒肉朋友卻要盡量少交。要多交心靈相契、有共同追求、志同道合的朋友。這樣的朋友才是人生的財富。也只有這樣的朋友，才能做到「海內存知已，天涯若比鄰」。

為了替孩子樹立一個好榜樣，父母在交友時一定要慎重。物以類聚，人以群分。有人說，看一個人交什麼朋友，就能知道他的為人。同樣，看父母今天交什麼朋友，就能預知孩子明天會交什麼朋友。為人父母者，不可不慎。

教子小徑：

1. 在孩子的學習、交友的問題上多為其講解謹慎的重要性，同時強調交友的原則。
2. 在孩子拿不準交朋友的主意時，幫助孩子多參考。
3. 告訴孩子遇到一些生活或學習上的問題，自己解決不了時，要多向老師和長輩請教。

名人教子名言：

不要對每一個泛泛的新知濫施你的交情。

——莎士比亞（Shakespeare）

與那些羡慕並附和我們所說一切的人相處，是一種單調而有害的享樂。

——蒙田（Montaigne）

選擇朋友一定要謹慎！自私自利會戴上友誼的假面具，卻又設好陷阱來坑害你。

——克雷洛夫（Krylov）

陶行知——「若向八賢常請教，雖是笨人不會錯。」

陶行知簡介：

陶行知（西元一八九一至一九四六年），原名文濬，後改名知行、行知。安徽歙縣人，近代中國偉大的教育家、傑出的教育思想家。早年畢業於金陵大學，後留學美國，在伊利諾大學獲文科碩士學位，又在哥倫比亞大學研究教育。回國後，即以畢生精力投身於對舊教育的改造，探索教育的新路。從一九二〇年代起，他抱著救國救民之心，推行平民教育、鄉村教育和普及教育運動，是為世界所知曉的中國教育家。

陶行知教子故事：

陶行知是中國著名的教育家，他畢生致力於教育事業，是一位深受愛戴的教育大師。他的教子方法也很值得我們學習。

陶行知的長子叫陶宏。乳名小桃紅。陶行知從美國留學回來任南京高等師範教授時，小桃紅已經三歲了。陶行知很愛兒子，小桃紅讀高等小學時，有一次陶行知寫了一首〈八個顧問〉的詩，用以指導他讀書學習。詩曰：

我有八個好朋友，肯把萬事指導我。你若想問真姓名，名字不同都姓何：何事、何教、何人、何如、何地、何去，好像弟弟與哥哥。還有一個西洋派，姓名顛倒叫幾何。若向八賢常請教，雖是笨人不會錯。

育子點撥：

陶行知先生的這八個顧問，講的是在讀書學習中，要注意兩件事：設疑與善問。設疑善問這種方法在指導孩子的學習過程中，是很有益處的。家長不妨在指導孩子的學習中，也學一學陶行知的這種做法。

設疑善問法就是在指導孩子的學習過程中，教育孩子要善於發現疑點、提出問題。設疑善問法是一個問題的兩個方面。許多孩子在這方面做得很不夠，特別是在課外閱讀方面。因此，提倡讀書時設疑善問，對成長學習興趣、拓寬知識面是十分重要的。

運用設疑善問法，可分為兩個步驟進行，一是設疑，二是善問。首先說說設疑。怎樣在讀書中做到設疑？家長在指導孩子讀書時，要引導他們做到處處「設防」，尤其還沒有被自己或別人證實過的新觀點，更不能輕易相信或隨便放過。要學會從不同角度設疑，看書中的論述能否釋疑。在這其中不要以為讀書留的疑問越多就越沒有讀通。一個人在讀書時，能提出一個有價值的問題，往往會比背十頁書的收益還大。因為前者是能動的創造，而後者是簡單的記憶。總之，家長或父母要教育孩子讀書時不要把自己僅僅當成一個「空竹簍」，光想多「裝」知識，而要講究發現、創造。注重累積的同時還要注意創造，才能建立起自己的學業大廈。

設疑時，不要輕易放過任何一點可疑惑之處，同時，要看作者是怎樣解釋這些疑惑之處的，如果作者不能解釋，那麼自己要試著去解釋，如果自己不能解釋，那麼就把疑問記下來，以待日後再找答案。所以，在讀書時要設疑確實很不容易，沒有刻苦的鑽研精神是絕不可能做到設疑的。

最後，再說說善問。怎樣才能做到善問呢？一般人肯定會說，所謂問就是要問別人吧？錯！問，首先要問自己。有些人讀書不喜歡自己動腦筋，拿到一本書，希望一看就懂，或者像看電影、電視那樣生動有趣，不動腦筋就能明白，應告訴孩子這是不可取的。學問學問學了就問。問誰？首先要問自己。問別人，只是動了別人的腦筋。要多問自己，自己實在沒有辦法了，再去請教別人。我們要引導孩子這樣做。讓他們懂得自學，自己學，自己問，自己答。而所謂善問，應建立在愛思考的基礎上。建立在愛思考的基礎上問，才能使提問取得更好的效果。讓孩子經常自己向自己提出一些問題，問一些為什麼，尋求更正確的答案。這樣無形中能使知識面愈來愈寬，使理解的程度愈來愈深。不動腦筋的問是盲目的問，就是把問題問懂了，理解也是極不深刻的。

教子小徑：

1. 陶行知認為讀書學習一定要不斷提出疑問和問題。這是他根據自己切身體會提出來的，有一定的指導意義。

名人教子名言：

自我教育的真正方法，是嘗試著去懷疑一切。

——米勒（Millet）

自動學習，隨時注意自己發現求學的門徑和學問的興趣，更為要緊。

——蔡元培

知識，主要是靠「抓」來的，不是靠「教」出來的。一個人要有所長進，除了在學校時要努力掌握各方面的基礎知識外，更重要的是靠自己隨時隨地去「抓」知識。

——錢三強

葉聖陶——「把詞調動一下，句式改變一下，有沒有更好一點？」

葉聖陶簡介：

葉聖陶（西元一八九四至一九八八年），名紹均，原吳縣人（現屬蘇州市）。是著名的文學家、教育家、出版家和社會活動家。葉聖陶中學畢業後，即開始從事教育和文學創作。在幾十年的教學實踐中，他編撰了幾十種教科書，發表了許多教育論文，創建了獨具特色的語文教育思想體系。提出了「教是為了達到不需要教」的教學思想，成為中國基礎教育的設計師和耕耘者。是中國著名的作家、教育家、出版家、和社會活動家。主要著作有長篇小說《倪煥之》、童話集《稻草人》、散文集《腳步集》、詩集《蒺存集》、《葉聖陶語文教育論集》和《葉聖陶文集》等。他在小說、詩歌、散文等方面都有突出貢獻，同時也是中國童話園地的開拓者。

他受傷了，你卻什麼都不知道

你的完美安排，不能成為孩子的未來

葉聖陶教子故事：

葉聖陶對子女的學習是非常關心的。孩子上學的時候，每天下午放學，吃完晚飯，葉夫人就把油燈移到桌中央。葉聖陶戴起花鏡，坐下來替孩子修改文章。至善、至美、至誠兄妹三人，各據桌子一邊，眼睛盯著父親手裡的筆。他們你一言，我一語，互相評論著父親修改著的那篇文章。因為父親實際上是和子女商量著共同修改的。

葉聖陶替孩子改文章是很有趣的。他每改一段，都是邊看邊問：這裡是不是多了點什麼？這裡是否少了點什麼？這裡能不能換一個比較恰當的詞？把詞調動一下，句式改變一下，有沒有更好一點？遇到他不明白的地方，還要問孩子：原本是怎麼想的，究竟想清楚了沒有？為什麼表達不出來？怎樣才能把要說的話寫清楚？大家可以各抒己見，誰說得對，就照他的意見去修改。有時你一句，我一句，大家各不相讓，爭得面紅耳赤。爭到最後，父親才進行總結，提出修改的意見。每當修改好了，父親就朗誦一遍，看語氣是否順達。

葉聖陶對孩子作文的面批雖然嚴格，卻又不失生動活潑，大家不覺得枯燥、乏味。都十分喜歡父親這樣的修改。兄妹三人幾乎每星期都要交一篇習作給父親，要說寫什麼內容，都由自己決定，父親從不硬性規定一個題目，逼著孩子去寫。不過，父親總有個要求，即使是練習，也要寫自己的話，表達自己的真實情感。兄妹三人照父親的主張去做，覺得生活中要寫的東西實在很多，用不著瞎編

胡說，而且寫出來的東西也不會雷同，多少有點新意。只要這樣做了，父親看了就喜歡，鼓勵他們繼續努力。

葉聖陶這樣教是「為兒引步」。在他的循循善誘下，兄妹三人自奮其力，進步很快。很小的時候，他們的作文就得到朱自清等文學家的好評。後來，出版社還出版了兄妹三人的習作集《花萼》和《三葉》。

育子點撥：

從葉聖陶對子女學習的教育上，我們可以看出作為一個教育家的深摯的愛子之心。其中葉聖陶教育孩子學習的方法，現在的家長不妨借鑑一下。

下面，我們就從如何使孩子喜歡與家長交談的技巧上談一談。

一位父親這樣說道：「我們的家庭變得日趨沉寂，以至於我們大家幾乎沒有機會坐下來交談。孩子們總是匆匆趕去上課，或者打球，或者做其他事。有時候我覺得我了解我的同事勝過了解我的孩子。」要培養一個好孩子，我們應該盡可能與他們交流。當我們與他們交談時，我們的種種表現將顯示我們是否尊重他們的談話。

家長要努力與他們進行卓有成效的談話，從而將家長的價值觀灌輸給他們，幫助他們明辨是非，讓他們知道家長愛他們，尊重他們。家長要透過與孩子的交流鼓勵他們的獨立意識，對他們的行為提供指導和約束。

交流在孩子樹立正確道德觀念的任何年齡或階段都是很重要的。如果我們與孩子之間的交流很好，那麼與孩子之間的關係就會很融洽，就能夠比較開誠布公的在道德方面教育他們。如果我們與孩子在諸如學校、朋友、困難和感情上能夠很直率的交談，那麼我們就能夠很容易的與孩子在一起，針對更敏感的道德問題進行探討。

1. 誘導孩子與你交談。

以下表述會更有助於孩子喜歡與你交談。

(1) 今天你過得怎樣，我要你用一到十十個數來描述（一表示很糟糕，十表示最好），並說出其中的原因。
(2) 今天最令你高興的一件事是什麼？最不高興的一件事又是什麼？
(3) 請告訴我你今天的好消息和壞消息。
(4) 今天你感覺怎樣？
(5) 今天有沒有發生什麼你意料之外的事情？
(6) 我想要知道你在想什麼。我們能否談談？

以下的一些表述則適用於你已經有較長一段時間沒有和孩子見面的情形：

(1)請告訴我上回我們談話後又發生了什麼高興的事情。
(2)最近你做了什麼令自己驕傲的事情？
(3)這幾天你在想什麼？
(4)這幾天你在期待著什麼？

要引導孩子說話，家長還得積極動用想像力。比如，問「告訴我你今天在學校做的兩件事情」通常比問「你今天在學校裡做了什麼」要好得多。後者最容易得到的答案是「我今天沒做什麼」，而前者就能使得孩子很好的回答你。

想要引導孩子說話，就要動動腦筋。總是用一個老問題開始談話，就像吃膩的飯菜，索然無味。

2. 多參與孩子的活動。

一位母親曾深有體會的說：「如果你不花一些時間與你的孩子共同度過，那麼再怎麼強調要與孩子交流都是白費力氣。當你與孩子共同分享在一起的快樂時光時，是你與孩子交流的最好機會。」

在這裡，要強調的是：要想使談話有效果，不能僅依靠某種技巧，最重要的是要和孩子之間建立一個良好的關係。要建立良好的關係，則要花時間與孩子相處，比如共同參加活動等，這種相處一樣能起到非常好的效果。

食物往往能在交流中起到很好的作用。可以在與孩子看完一場電影或外出玩耍後一起共進晚餐。

這能使父母更好的與孩子交流。這裡要強調一下的是，我們不能指望自己能夠與孩子憑空交談，我們需要自然和諧的內容。這就意味著我們必須花時間與孩子在一起。

3. 問問孩子想談些什麼。

另外一種促使孩子交談的方法就是問問他們究竟想要談些什麼。孩子想知道，我們在他們這麼大時在想什麼，在做什麼。他們特別喜歡聽故事，想知道我們在恐懼或陷入困境時表露出的情感和人性弱點。接近青春期的孩子都想知道當他們長到十幾歲時，他們會是怎樣的。再大一點的孩子則想知道大學是什麼樣子，以及他們將來該從事什麼職業。另外，最重要的一點是：絕大多數的孩子都希望自己的家長能夠開誠布公的、直率的表達他們的情感，也就是說要經常和孩子說愛他們。

教子小徑：

1. 葉聖陶非常關心孩子的學習狀況，在修改孩子的作業和文章時，既嚴格又不失活潑有趣，使孩子樂於接受。

名人教子名言：

一個人如果認為自己在一生中能做一番不同尋常的大事，就比沒有遠大理想的可憐蟲有著更多的成功機會。

——馬拉默德（Malamud）

讓你的理想高於你的才幹，你的今天有可能超過昨天，你的明天才有可能超過今天。

——紀伯倫（Gibran）

追求理想是一個人進行自我教育的最初動力，而沒有自我教育就不能想像會有完美的精神生活。

——蘇霍姆林斯基（Sukhomlinskii）

畢卡索——「做你認為愉快的事情」

畢卡索簡介：

巴勃羅．魯伊斯．畢卡索（Pablo Ruiz Picasso，西元一八八一至一九七三年），出生於西班牙，是當代西方最有創造性和影響最深遠的藝術家，他和他的畫在世界藝術史上占據了不朽的地位。

畢卡索是位多產畫家，據統計，他的作品總計近三萬七千件。他一生中畫法和風格幾經變化，分為這樣幾個時期：「藍色時期」、「玫瑰時期」、「黑人時期」、「立體主義時期」，分成分解和綜合兩種形式；「古典主義時期」、「超現實主義時期」，最後是「抽象主義時期」。畢卡索一生是個不斷變化藝術手法的探求者，印象派、後期印象派、野獸的藝術手法都被他汲取改為自己的風格。

畢卡索的才能在於，他的各種變異風格中都保持自己粗獷剛勁的個性，而且在各種手法的使用中，都能達到內部的和諧交融。他有過登峰造極的境界，作品中不論陶瓷、版畫、雕刻都如童稚般的遊戲。在他一生中，從來沒有特定的老師，也沒有特定的子弟。他靜靜的離去，走完了九十一歲的漫長生涯，他如願以償的度過了一生。

畢卡索教子故事：

畢卡索是二十世紀西方偉大的藝術家。畢卡索成為藝術大師後，他沒有讓後代等著繼承他的大批財富，坐享清福，而是諄諄教導孩子努力成才，走自己的路，創造有價值的人生。

他有一個女兒，從小聰明活潑，深得畢卡索的寵愛。畢卡索的女兒每天都圍在爸爸左右，畢卡索作畫，她跟著塗塗抹抹。老畫家工作累了，就順手把女兒摟在懷中，或置於膝上逗她笑，聽她唱歌。畢卡索常常外出赴宴，和朋友聚會閒談，或邀請他們來家作客，或參觀各種美術作品展覽。每逢這種場合，都把女兒帶在身邊，希望能用自己的言行影響女兒，讓孩子從小接觸藝術界人士，以便啟迪才智，開闊視野。在這些活動中，女兒感到父親到處受人尊敬，自己也很榮耀，便暗暗下決心，繼承父業，將來也成為一個大畫家。

但是在畢卡索女兒十四歲那年，她突然感到疲倦和不耐煩，開始反感繪畫，但又怕父親責怪，因此，常常背著父母痛苦的流淚哭泣。

畢卡索知道後，不但沒責怪女兒，反而安慰說：「一個人一生的道路，應該由他自己去摸索，妳不願意學畫，還可以再去學、去做妳認為愉快的事情，何必非要像我一樣呢？」聽了父親的話，她如釋重負，心情逐漸平靜下來，又開始了學畫。畢卡索再次耐心的教她繪畫，做一些黏貼畫等。女兒在父親的畫室裡作畫，就像置身於藝術海洋裡，心情歡暢、愉快。

後來，女兒大學畢業後，選擇了學習珠寶設計，又先後到巴黎、義大利、西班牙等國去學習服裝設計，她把自己的精力全部用在工作上，很快取得了顯著成績，成了名家。

育子點撥：

畢卡索對女兒的教育可以說自始至終都充滿了愉快，這得益於畢卡索和女兒之間良好的溝通。當孩子最初想學作畫，後來又不想學時，畢卡索和女兒進行了愉快的交流，而沒有替孩子做決定，把未來人生的選擇權完全給了女兒。這是值得現在的家長學習的。

下面，我們就針對該不該替孩子做決定這件事談一談。

對於正在接受教育的孩子，我們不能盲目的加以控制，以為「管」孩子是家長的天職，而應該理解孩子的內心，並給孩子自己管理自己的機會。以下為家長提供幾點建議：

1. 家長應了解孩子的心理需求。

試想，孩子在學校裡學習了一天，放學後他確實需要放鬆一下，再做作業及一些課外練習；當孩子不服從家長時，是否應該認真聽聽孩子的想法，給他說話的機會，讓他充分表達自己的意見；

然後，平等的與他商量，用適當的方式來滿足他的合理需求。這樣，孩子學會了適時表達自己的內心想法，同時，也學會了「講道理」和思考問題，而不至於只憑一味任性來反抗家長的安排。

2. 家長應清楚自己的角色。

家長的任務既不是代替孩子思考、做決定，也不能強迫孩子完全服從自己，而應該教孩子學會自己選擇正確的行為，自己做決定，這樣，他就能夠對自己的行為負責任。其實，這也是家教成功的唯一祕訣。所以，家教並非只是說教，而是必須教孩子可執行的具體辦法。例如，對待看電視或玩電子遊戲容易忘記時間的孩子，家長應該與孩子商量，制定一個類似「活動協定」的條文，讓孩子自己說該怎麼辦，家長可以向孩子提出可行性建議，然後，共同簽名，說話算數。

3. 以孩子為主體。

管教，其實是講究管理和教育的方法。但管教孩子的根本目的在於使孩子學會自我管理，形成良好的獨立意識。家教中應該以孩子為主體，而不應只要求孩子聽話和服從，不妨多聽聽孩子的想法。英國哲學家培根說過：「在幸福的家庭中，家長靠情感當家，孩子也是出於對家長的愛去順從大人。」

教子小徑：

1. 當女兒不想學畫畫時，畢卡索沒有責怪女兒，而是耐心的開導她，使女兒愉快的放下了心理負擔。

名人教子名言：

你的內在力量是獨一無二的，只有你知道自己能做什麼，但是除非你真的去做，否則連你也不知道自己真的能做。

——愛默生（Emerson）

只有具備其才實學，既了解自己的力量又善於適當而謹慎的使用自己力量的人，才能在世俗事物中獲得成功。

——歌德（Goethe）

行動也許不一定會帶來快樂，但是沒有行動就絕對沒有快樂。

——班傑明．迪斯雷利（Benjamin Disraeli）

狄德羅——「你知道男女之間在道德上存在著差別嗎？」

狄德羅簡介：

德尼．狄德羅（Denis Diderot，西元一七一三至一七八四年），生於法國朗格勒，卓越的啟蒙思想家，著名的《百科全書》主編。童年曾受過耶穌會學校教育。西元一七二九年到巴黎求學，十九歲獲得巴黎大學碩士學位，熱衷於數學、語言學、哲學和文學，並且顯示了非凡的才能。從西元一七三四至一七四四年的十年內，他一直過著貧困的生活，但這樣的生活卻磨練了意志，也使他對社會有更深的了解。狄德羅不僅是十八世紀法國的思想家和哲學家，而且是重要的文學家、出色的藝術批評家和美學理論家，他為戲劇、繪畫和美學建立了完整的理論體系。狄德羅在晚年病中所寫的《論賽內卡》，是他一生的自辯書。他在西元一七八一年寫成的劇本《他是好還是壞？》中塑造了一個事事關心他人，唯獨不考慮自己的主人公的形象，被認為是他自己一生的寫照。西元一七八四年七月溘然長逝。

狄德羅教子故事：

狄德羅婚後育有四個孩子，卻只有女兒 Angelique 活了下來。因而他特別疼愛她，將全部的父愛都傾注在女兒一人身上，時刻關注著她的成長。她是狄德羅唯一長大的孩子，所以她的健康就成為狄德羅特別關心的事，只要她一病倒，狄德羅也會跟著一起病倒，幸虧整體而言，Angelique 還算健康。

狄德羅更關心的是女兒的教育問題，他希望透過自己的教育將女兒培養成一個聰明、好思考，有豁達的性格，不將青春耗在瑣事上的人，培養她對美好事物的興趣。

狄德羅讓他的朋友和妹妹來教育孩子，還請了一位家教，教女兒歷史、地理，餘下時間教她彈鋼琴。

狄德羅——「你知道男女之間在道德上存在著差別嗎？」

女兒逐漸長大，一天，哲學家發現女兒過分早熟，覺得應該嚴肅的和女兒談一談，於是他找了個機會向女兒提出了一個問題：「妳知道男女之間在道德上存在著差別嗎？」

女兒張口結舌，一時答不上來，於是他又說：「妳知道男人向女人說那些風流話意味著什麼嗎？它意味著：小姐，為了對我表示好感，妳可願意自毀名聲，失去身份，使自己被擯棄於社會之外，被關到修道院去，讓妳的父母痛苦的死去嗎？」他的教育，使女兒懂得了一個女孩該做什麼以及如何與男孩交往。

在女兒十六歲那年，有位青年來求婚。狄德羅說：「我沒有和他談及財產，這不是我看重的。我最重視的是理性、道德、正當的職業和身體的健康情況，我相信他具有大部分這些優點，但還要徵求我妻子的意見，另外，女兒也有絕對的自主權。」後來，狄德羅的女兒嫁給了那位青年，過著幸福的生活。

育子點撥：

狄德羅對女兒的成長是十分關心的，當他發現女兒過於早熟時，他巧妙的和女兒談了這個問題，使女兒懂得一個女孩如何與男孩交往。現在的家長可從中得到借鑑。

現在有的孩子有過早戀愛的問題，這個問題做家長或父母的應如何對待呢？下面我們就來談一談。

孩子過早談戀愛是令現代父母頭疼的一個問題。據調查顯示：青少年戀愛有年齡下移的趨勢。不聞不問吧，總覺得會耽誤孩子的學業；過問吧，又怕逼急了，孩子離家出走、鬧自殺。

要提醒家長和父母的是，不要把青少年的正常交往，如互相聊天、結伴遊玩、一起讀書、做作業等誤以為是在談戀愛，從而加以指責。本來孩子還不懂什麼叫戀愛，被父母一說，反而恍然大悟，開始談戀愛。

如何掌控好青春激情的大門，如何使孩子形成穩定的心理定勢，保持心理平衡，這是很重要的問題。從醫學上講，性本能的衝動是可以透過大腦皮質來調節控制的。有的青少年能很好的控制，有的少男少女由於經不起第一次的感情動盪和心理波動，而產生了過早戀愛的問題。

青少年戀愛不是成熟的戀愛，而且會妨礙青少年的主要任務——讀書，所以不宜提倡。但由於這是一個涉及孩子情感的問題，父母應十分小心謹慎。

那麼，家長如何正確處理孩子過早戀愛的問題呢？

有位母親的做法很值得參考，她發現兒子在談戀愛，不僅沒有斥責，反而比過去更關心兒子，知道兒子喜歡文學，便鼓勵兒子參加年級朗誦組，還啟發兒子寫日記。於是，兒子的習作頻頻出現在班級的壁報上，還被選為班長。一年後，期末考試名列全年級第四名，還獲得學行俱優獎。讀書、團體活動成了兒子的主要活動，當初對異性的愛慕心理漸漸平息、淡化。

一般來說，孩子過早戀愛往往與生活單調、沒有目標有關，因此充實孩子的生活，幫助孩子尋找生活的意義，可以有效轉移孩子對「戀愛」的注意力。

如果發現孩子與某一孩子交往過密，應巧妙的加以引導，讓孩子懂得，異性交往不要太集中在某一個人或一個小範圍內，否則會失去與多數同學、朋友接觸的機會。現代人多交朋友或多交幾個性格、志趣各異的朋友，能相互學習對方身上的優點，取長補短，共同進步。

父母對孩子的感情要持寬容、理解的態度。明智的父母應該理解和尊重孩子的感情，承認它是美好而純潔的。同時，父母要以一個朋友和教育者的身份告訴他們：青春期是一個人學習的最佳時期，錯過了這個時期，對今後的成才是個很大的障礙。

父母要為孩子創造和諧、輕鬆的家庭氛圍。父母應多和孩子溝通、交流，舉辦一些家庭活動，增進父母與孩子之間的感情，以便父母能隨時了解孩子的心理變化，及時教育。

教子小徑：

1. 狄德羅對女兒傾注了全部的父愛，他為女兒請了家教，教女兒多方面的知識。
2. 當他發現女兒太過早熟時，他巧妙的對女兒進行了教育，讓女兒懂得該如何與男孩交往。

名人教子名言：

談戀愛是好的，但必須是真正的愛情，因為真正的愛情可以使一個人崇高……最不可容忍的是無聊的打情罵俏，它會使你墮落，陷入庸俗的氛圍。

——史坦尼斯拉夫斯基（Stanislavski）

著眼於理想，踏實的立足於現實——戀愛本身應具有這樣的明智。

——池田大作

戀愛，在超凡的意義上說，它能將一切情感超脫於卑污的塵世。它使我們和一個天使結合起來，不斷引導我們上升。

——雨果（Hugo）

高爾基——「對於孩子的才華，不要過早給予一片讚揚聲。」

高爾基簡介：

馬克西姆．高爾基（Maxim Gorky，西元一八六八至一九三六年），前蘇聯無產階級作家，社會主義現實主義文學的奠基人。他出身貧苦，幼年喪父，十一歲即為生計在社會上奔波，當售貨員、麵包坊工人等。西元一八九二年發表處女作《馬卡爾．楚德拉》，登上文壇。之後寫了《鷹之歌》、《海燕之歌》、《小市民》、《底層》、《母親》等。十月革命之後的十年間，高爾基因健康欠佳，僅寫了關於列寧及一些作家的獨具藝術風格與重要文獻價值的回憶錄，及自傳體三部曲的最後一部

《我的大學》、《阿爾塔莫諾夫家的事業》等幾部作品。此外還寫了大量的文藝理論、文學批評和政論文章。高爾基不僅是偉大的文學家，而且也是傑出的社會活動家。他組織成立了蘇聯作家協會，並主持召開了全蘇第一次作家代表大會，培養文學新人，積極投入保衛世界和平的事業。

高爾基教子故事：

高爾基在教育孩子方面，有他獨特的見解。他認為：「對於孩子的才華，不要過早給予一片讚揚聲，否則，對於孩子的成長是不利的，而言過其實的過分『讚嘆』更是有害的。因此，抱著愛護備至又十分嚴肅的態度，這對於每一個家長都是一個十分有益的啟迪。」

從高爾基寫給兒子馬克沁的信，可以看出他對子女的成長寄予多麼大的期望。一九〇七年，高爾基和兒子在義大利卡布里島療養。一次，他看到兒子馬克沁在院子裡鬆土種花，便稱讚道：「好！好！」並幫助兒子培土澆水。後來，馬克沁先行回國了，高爾基常在花前散步，看到兒子親手栽種的鮮豔花朵，心裡有說不出的高興。他隨即寫了一封信給兒子，透過種花的事講了人生的大道理。高爾基在信中說：「你走了，可你栽的花卻留了下來，我望著它們，心裡愉快的想：『我的好兒子動身以後，在卡布里島留下了某種好的東西——鮮花。』」他又說：「要是你在任何時候，任何地方留給人們的都只是美好的東西——鮮花、思想、對你來說非常好的回憶——那你的生活將會是輕鬆愉快的。那時你會感到所有的人都需要你，這種感覺會使你成為一個心靈豐富的人。要知道，『給』

永遠比『拿』愉快。」

高爾基就是這樣常常用哲理性很強的語言來教育兒子，幫助兒子健康的走上了人生道路。

育子點撥：

故事中高爾基的「對於孩子的才華，不要過早給予一片讚揚聲」的教育箴言，可為現在的家長借鑑和學習。

表揚是從正面去肯定一個人的行為，稱讚是一種評價。只有當表揚和稱讚都公正且恰如其分時，才能起到正向作用，即使本人受到鼓勵，又使他人受到教育。然而，有的人卻走入誤區，即過分誇大孩子的優點，這樣反而不利於孩子的健康成長。

一個十二歲的小男孩唱了一首歌，奶奶誇他說：「你真是個歌星。」可小男孩說：「我希望我是，但我知道我不是，那是不可能的。」奶奶大為不解，為什麼她的讚揚會遭到孫子的拒絕呢？因為這個小男孩認為奶奶對他的讚揚過於誇大，是不切實際的。奶奶可以稱讚他歌唱得好，但沒必要把他誇張成一個歌星。

另一個十二歲的女孩寫了一篇文章。老師說：「我讀了妳的文章，覺得文字很優美，描寫得很細緻。」女孩聽了非常高興，她之後的文章一篇比一篇更好。老師對她的文章做了實際的評價和讚揚，取得了良好的效果。

如果你對一個長得很一般的女孩說她漂亮極了，她會急得滿臉通紅，並會很快就否認，說不是這樣的。你這種言不由衷的讚揚不會令女孩滿意，相反，倒為她帶來了自我防禦的心理，她認為這種讚揚是對她的諷刺。

可見，並不是所有的表揚都會起正向的作用。對人的性格、人品以至整個人進行誇大的表揚，其負面作用更大，它就像裸眼看太陽，耀眼直射的陽光會讓人睜不開眼睛。如實描述被表揚者所做的事情，對其進行恰如其分的表揚和讚美。而不輕率評價他的性格和人品，只有這樣才能使表揚起到它應有的正向作用。

教子小徑：

1. 高爾基認為，對於孩子的才華，不要過早給予讚揚，否則對孩子是不利的。
2. 高爾基善於用哲理性的語言告訴孩子人生的道理。透過兒子種的花，他在給兒子的信中這樣寫道：「要是你在任何時候，任何地方留給人們的都只是美好的東西——鮮花、思想、對你來說非常好的回憶——那你的生活將會是輕鬆愉快的。那時你會感到所有的人都需要你，這種感覺會使你成為一個心靈豐富的人。要知道，『給』永遠比『拿』愉快。」

名人教子名言：

要知道，對好事的過分誇大，也會招來人們的反感、輕蔑和嫉妒。

——培根（Bacon）

「嘉許要真誠，讚美要慷慨。」這樣人們就會珍惜你的話，把它們視為珍寶，並且一輩子重複著它們——在你已經遺忘之後，還重複著它們。

——卡內基（Carnegie）

讚賞是有教養的智慧與美麗的靈魂結合的標誌。它可以說是鑑賞力中最崇高的部分。

——阿尼庫申（Anikushin）

歐文——「我從沒打過你，也不許你打任何人。」

歐文簡介：

勞勃．歐文（Robert Owen，西元一七七一至一八五八年），生於英國威爾士一個手工業者家庭。英國偉大的烏托邦社會主義者，同時還是一位現代教育的教育思想家和教育實驗家。九歲離家，自謀生計，自學成才。西元一八〇〇年一月擔任蘇格蘭新拉奈克紗廠經理，推行改革計畫，如改善工人福利，成立從幼兒學校直至成人業餘教育在內的教育機構等等。其改革實驗一度獲得很大成功。西元一八二四年去美國試辦共產主義新村——「新和諧」村，結果失敗。他舉辦了公共、免費和普及的幼兒教育和初等教育，在小學裡開設了比當時英國小學更廣泛的課程，如本族語、算術、地理、歷史、自然等，取消宗教課。他十分重視勞動教育，把教育和生產勞動結合了起來。他還主張兒童學習一些園藝、農業、手藝和生產技藝。歐文的教育思想對馬克思的教育思想和後來的教育實踐（特別是社會主義國家）都有重要影響。

歐文教子故事：

歐文婚後生有八子，其中長子不幸夭折。其餘七個孩子，歐文都十分喜歡，時刻關心著孩子的成長。在孩子還很小的時候，歐文就領著他們逛公園、散步、遊玩，廣泛接觸大自然，感受自然的美，並在大自然中尋求真理，他還送孩子去舞蹈班學習，和他們一起參加戶外活動，培養孩子熱愛生活，坦率、理智而又和藹的性情。

歐文有個兒子叫戴文，在戴文小的時候，他們家有一個做零工的青年名叫桑迪，這人很調皮，總愛捉弄戴文。有一天他把戴文剛得到的、視為寶貝的一根吹肥皂泡的管子故意折斷後扔進了鞋洞，戴文非常生氣，便伺機報復他。第二天，戴文提著一根又硬又重的掃帚，早早躲在暗處，等著桑迪走過便突然襲擊。忽然他看見一個人走過來，看來是桑迪，他就使出全身力氣抓起掃帚打過去，那人應聲而倒，戴文過去一看，來者不是桑迪，而是另外一個深受孩子喜愛的管家，便尖叫起來，尖叫聲引來了許多人，他們把倒在地上的威爾遜小姐扶起來攙回她屋裡去了。幾個小時後，他被叫到了圖書室，他母親站在一旁，雙目通紅，他父親則直直的瞪著他，眼中憤怒與悲哀交織。

「戴文，如果你的眼睛瞎了，你會感到很難過嗎？」歐文終於發問了。

「……會……」戴文在抽泣中承認。

「如果一個男孩或男人像你那樣動輒怒氣沖沖，你說這跟瞎了眼或半瘋半痴有什麼兩樣呢？那樣的人才既不定下心來想一想，也不用眼睛看清楚。你為何分辨不出威爾遜小姐和桑迪呢？」

戴文知道自己並沒有看清就突襲別人，低下了頭。

「幸虧你打的不是桑迪，不然你可能會要他的命。你為你的所作所為感到難過嗎？」歐文接著問。

「我為傷害了威爾遜小姐而非常難過，我要親口對她這麼說。」戴文承認了自己的錯誤。

「我可以帶你去求她原諒你，但你從今後要確實改正錯誤，否則難過也沒用。記住！我從沒打過你，也不許你打任何人。」然後戴文在父親的帶領下去道了歉。

這是一個深刻的教訓，從此戴文再也沒有打過人。有許多次歐文的孩子做錯了事，但歐文從不打他們，而是向孩子講道理，讓他們明白自己到底錯在什麼地方，應該如何改正錯誤。他很理解孩子，總是令孩子心服口服。

後來他的孩子都以他為榜樣，都在各自的人生道路上做出了成績。

育子點撥：

在這個故事中，歐文對兒子犯錯後的教育是很講究方法的。在下面的文字裡，我們著重於家長在管教孩子的過程中犯錯時應向孩子承認，以身作則，從而使孩子犯錯後勇於承認並改正這點上進行一些論述。

家長教訓、打罵孩子，歷來似乎都是天經地義的。不過也有反過來的情況，當孩子向父母提意見時，父母應該慶幸自己的孩子已經在嘗試明辨是非，能真誠坦白的提出自己的見解。同時，孩子勇於提意見，本身就說明了他是相信父母的——相信父母會接受的。身為父母，為什麼不能接受孩子的意見呢？同時，當我們做父母的做錯事情時，也不要顧及面子問題，應該勇於向孩子道歉。

家長在教育孩子的過程中難免會出現一些不妥的做法甚至錯誤。如果能坦然的面對這些過失，用講道理的方法向孩子說明情況，改變自己錯誤的做法，彌補因失誤帶來的損失，就能將壞事轉化為好事，孩子不僅會透過一件具體事情懂得一定道理，而且能從父母身上學到勇於修正錯誤的好品格。

反之，如果父母文過飾非，堅持錯誤，那麼就會給孩子留下「父母不會有錯誤」或「父母犯錯後從來不承認」的印象，這對孩子的成長是極為不利的。

在有些家庭裡，父母和孩子不是朋友的關係，而是發號施令和唯命是從的關係。許多父母即使意識到自己犯了錯，但覺得向孩子道歉很丟臉，會失去為人父母的尊嚴，而放不下架子，不願說一聲：「對不起，是我做錯了，今後改正。」

我們常說教育孩子要利用榜樣的作用，實際上，父母就是影響孩子一生的最重要的榜樣。孩子看到父母主動承認錯誤，他們不僅不會因而瞧不起父母，反而會因為父母的坦誠和平易近人而更加尊敬父母。「人非聖賢，孰能無過」，學會向孩子道歉，把孩子當成朋友，這是和孩子進行溝通的有效方法。

在管教孩子的過程中，父母如果從不向孩子承認自己的缺點、過失，孩子就會產生「父母永遠正確而實際上老是出錯」的觀點，久而久之，對父母正確的教誨，孩子也會置之腦後；而父母如果做錯事後，能鄭重向孩子認錯、道歉，孩子就會懂得承認錯誤並不是一件可恥的事，就會提高分辨是非的能力，體會到原諒別人的喜悅。

如果做父母的犯錯後能主動向孩子道歉，那麼當孩子犯錯時，他也會主動承認錯誤，主動道歉。要用孩子的耳朵去聽孩子的話。孩子的內心想法與成人不同，有時候雖然用的詞是一樣的，表達的意思卻可能是完全不同的。

教子小徑：

1. 當戴文因打人犯了錯誤後，歐文沒有打罵他，而是用講道理的方式教育了兒子，使兒子明白自己錯在什麼地方，應該如何改正錯誤。

名人教子名言：

知错就改，永遠不嫌晚。

——莎士比亞（Shakespeare）

不怕迷失方向，只要回頭就可原諒。

——阿富汗諺語

人類是有弱點的，人受到某種誘惑要去做一件壞事而能毅然中止，也就可以算是善行了。

——盧梭（Rousseau）

他受傷了，你卻什麼都不知道
你的完美安排，不能成為孩子的未來

第六章 技巧——非標準方法所贏得的

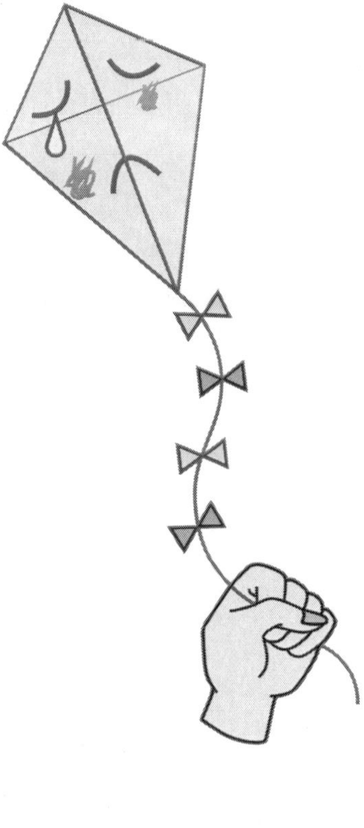

家長教育孩子常用的方式是跟孩子講話，因此，家長的教育程度、教育藝術修養的高低，幾乎都表現在與孩子的談話中。應注意到不同年齡的孩子的接受能力是不同的，家長要善於根據孩子的年齡和接受程度，採取孩子能夠接受的語言和方式跟孩子講話。對於孩子自己的事情和問題，家長要多啟發、多引導他們自己進行思考、自己尋找答案和自己作主。

孔子——「不學《詩》，無以言；不學禮，無以立」

孔子簡介：

孔子（西元前五五一至前四七九年）名丘，字仲尼，春秋時期魯國陬邑昌平鄉闕里（今山東曲阜東南）人，是中國歷史上影響最大的思想家和教育家，儒家學派創始人。孔子自敘「十五而志於學」，自十五歲起開始明確了自己學習的目的和方向，有系統的從事禮、樂、射、御、書、數「六藝」的學習。他學無常師，據說曾問禮於老聃，學樂於萇弘，學琴於師襄，好學而不厭，鄉人都贊其「博學」。「三十而立」，自三十歲開始獨立的參加社會政治生活，並且創辦了私學，收徒講學，顏淵、子路、冉伯牛、子貢、冉有等就是孔子較早的一批弟子，成為中國歷史上第一個大規模招收學生的教育家。私學的創設，打破了西周以來「學在官府」的傳統，促進了當時學術文化的下移，有利於文化的傳播和教育的發展。孔子的思想學說對中國的哲學、倫理學、社會政治理論、教育學、歷史學、文學藝術、禮儀風俗等等都產生極其深遠的影響，為中華民族的共同文化和共同心理的形成、發展，做出了巨大的貢獻。

孔子教子故事：

孔子有一個兒子，出生時正逢魯昭公賜給孔子一條大鯉魚，孔子感到很光榮，便替兒子取名孔鯉，字伯魚，以示紀念。伯魚是孔子唯一的兒子，但是孔子卻並不溺愛他，從小就教導他、督促他要勤奮學習。

有一天，孔子把伯魚叫到身邊，問他說：「《詩經》中的〈周南〉、〈召南〉這兩部分你學過了嗎？如果不學這兩部分，就如同面抵牆壁時走路，根本邁不開步伐一樣啊！」伯魚連連稱是。

有一天，孔子一個人站在庭院之中，伯魚從孔子旁邊快步走過，孔子忙叫住他問：「你學了《詩》嗎？」伯魚回答說：「沒有。」孔子就教導他說：「不學《詩》，你就無法正確表達自己的意思，別人就無法明白你的意思。」伯魚退下去後就遵照父親所說的話，開始專心學習《詩》了。

又有一天，孔子又獨自一人站在庭院中，伯魚又快步從旁走過，孔子又問他說：「伯魚，你學《禮》了嗎？」伯魚回答說：「沒有學。」孔子便對他說：「不學習《禮》，你就無法在社會中立足啊！」伯魚退下去後又去認真學習《禮》。

孔子認為，不學禮便無法在社會上生存，更談不上為社會、國家盡力了。孔子要求兒子懂禮貌、遵紀守法，成為一個有修養的人。對人對家對社會都應當有愛心，與人為善，和睦相處，而且應當重義輕利，不要斤斤計較。在家孝順父母、勤儉持家，在外謙虛誠實，遵守公德。這樣，禮義統領天下，社會才會穩定，國家才能興旺。

育子點撥：

孔子是中國歷史上第一位「人類靈魂的工程師」。他一生「學而不厭，誨人不倦」，因材施教，循循善誘；他以身作則，身教重於嚴教；他特別謙虛，「不恥下問」，對學生說過「三人行必有我師」這樣的話；他熱愛學生，尊重學生，愛學生就像愛自己的兒子一樣；他平易近人，平等待人，無私無隱，對待學生從無親疏厚薄、遠近好惡之分，真正展現了「一視同仁」的平等精神。孔子對兒子的教育展現了他「平等待人，無私無隱，一視同仁」的精神。

孔子對兒子的教育採用了點撥的方法。點撥法就是家長透過稍加指點、提示、引導，使孩子明白道理，從而產生自覺行為的方法。此法主要用於引導孩子的學習，適用於那些基礎佳、悟性好、自覺性高的孩子。

點撥法重在提示、引導，而不是灌輸，這就要求家長在運用此法時注意好以下幾個問題：

一、是要切實掌握孩子的學習情況，把握孩子的基礎，做到心中有數。

二、是家長必須要有較高的程度，也就是說要能夠成為孩子的老師。

三、是「點」要點在點子上，不能亂點，所「點」必須切實利於孩子的進步。如果所指點的知識或問題過於深奧，孩子有可望而不可即之感，那也等於對牛彈琴。

四、是「撥」要簡明、扼要，解決實際問題，花最少的精力、最少的時間，就能解決孩子的疑難，使孩子明白道理，從而產生自覺的行動，達到教育的目的。

教子小徑：

1. 即使是獨生子女，也不要溺愛嬌寵。
2. 平時多督促孩子勤奮用功學習。
3. 為人應當有愛心，與人和善，重禮儀。

名人教子名言：

你知道用什麼方法可以使你的孩子成為不幸的人嗎？這個方法就是對他百依百順。

——盧梭（Rousseau）

我遇見的每一個人或多或少是我的老師，因為我從他們身上學到了東西。

——愛默生（Emerson）

只有愛是團結正義與幸福的連結線。不可或缺的完美契約就是以愛為出發點，因為只要相愛，就會產生和平。這普遍的愛，從家庭擴展到國家，從國家擴展到全人類，將是未來幸福社會的唯一法則。

——左拉（Zola）

曹操——「兒雖小時見愛，而長大能善，必用之。」

曹操簡介：

曹操（西元一五五至二二〇年），三國時政治家、軍事家和詩人。字孟德，沛郡譙縣（今安徽亳縣）人。祖父騰，東漢大宦官，任中常侍、大長秋，封費亭侯。操少任俠，性機警，博覽群書，尤好讀兵書。二十歲時舉孝廉為郎，歷洛陽北部尉、頓丘令，以騎都尉參與鎮壓潁川黃巾有功，遷濟南相。嚴肅法紀，懲治貪污，而不避貴戚。建安十三年（西元二〇八年），進位丞相，率大軍南征，準備統一全國，但受挫於赤壁。建安十六年（西元二一一年），平定關中、隴右及河西四郡，完成統一北方大業。建安十八年（西元二一三年）進封魏公；建安二十一年（西元二一六年），更進為魏王。死後被諡為魏武帝。曹操主張唯才是舉，不拘一格的提拔一批才能出眾的謀臣猛將；謀略過人，又比較能傾聽部下意見；勇於打壓豪強，雖親戚亦不加寬宥；法令嚴明，賞罰必信，故能令行禁止；反對奢華，自奉節儉，蔚成儉樸之風。曹操一生成就甚大，他不僅是建安時代政治上的領袖，而且是建安文壇的領袖，建安文學的代表。

曹操教子故事：

曹操提倡唯才是舉，對子弟也唯才是用。他一共有二十五個兒子，著名的有三個：即長子曹昂，次子曹丕，三子曹植。曹操對他們都很疼愛，從不偏袒哪一個。

有一年，壽春、漢中、長安這三個地方缺少官員治理。曹操下了一道〈諸兒令〉，明確告訴兒子，你們誰去合適，就看你們誰有賢能了。誰有真才實學，心地善良，孝順父母，我就用誰。三個兒子見父親不徇私情，唯賢是用，個個好學上進。

長子曹昂一直跟隨父親征戰沙場，經受了戰火的鍛鍊和考驗。但不幸於西元一九七年死於一場戰役。

次子曹丕，好騎射，善詩文。他像曹操那樣，雖在軍旅，但手不釋卷。曾寫詩文百餘篇，所作〈燕歌行〉是現存最早的七言詩。

曹植，少年英俊，聰明過人，深受曹操寵愛，因此曹操常將三兒曹植帶在身邊，不離左右。在曹操教育下，曹植精通文武，才華出眾。但曹操仍堅持嚴格教育，對三兒曹植說：「我在二十三歲時已做了頓丘縣令，你現已二十三歲了，要努力呀！」殷切希望曹植進步。

曹操極愛曹植，欲立曹植為太子。但群臣都認為曹植詞多華麗，誠心不如曹丕，廢長立幼，要慎重。曹操經過考慮，決定立曹丕為太子。

西元二二〇年，曹丕即皇帝位，國號魏，建都洛陽。曹丕為魏文帝，他不忘父親的教養之恩，追尊曹操為魏武帝。

在曹操的教育下，曹丕、曹植在文學上的成就也很大，當時他們和父親一起被稱為建安才子。

這足以說明，曹操在教子方面是卓有成效的。

育子點撥：

曹操下〈諸兒令〉就是運用目標激勵的方法，激勵兒子的行為，使其奮發努力，達到所立的目標。目標激勵法就是根據一定的任務需求激起孩子為之努力奮鬥的方法。

設定一個合適的目標，「跳一跳，搆得到」是很好的形容。如果孩子不需要跳起來就搆得到，那就失去了目標的意義。但如果跳起來也搆不到，那就不能讓孩子獲得成功和自信，反而會讓孩子感到沮喪。

這個目標如何設定？

第一，父母應該對孩子的能力和現實條件有一個正確認知，切忌急於求成；

第二，在目標設定時應該和孩子一起決定，這樣不僅能聽取孩子的意見，也能讓孩子更有積極性；

第三，如果父母對孩子的情況把握不準，最好與孩子的老師商量；

第四，可以考慮為孩子設定一個只要努力就一定能搆得到的目標。

強化孩子的目標意識，讓這個目標在孩子心中扎根。比如可以把目標寫在牆上懸掛的黑板上，或者用色紙寫了貼在牆上。如果目標有一定的時間限度，那麼再給孩子一本「目標日曆」，目標應該完成的那一天要被顯著的標示。

讓孩子養成一個習慣。在晚上睡覺前問自己一個問題：今天，我為我的目標做了些什麼？不要強求孩子寫日記，但鼓勵孩子在「目標日曆」上寫點或畫點什麼，比如畫上一張笑臉。

替孩子找個競爭對象。有個競爭對象能極大的鼓舞孩子，但是，如何選擇競爭對象也是個問題，讓孩子把某個同學視為對手是可以的，但不要把目標訂得太高，每次都盯著第一名。可以讓孩子選擇一個比較熟悉、成績略好於自己的同學作為競爭對象。同時，要多與孩子交談，告訴孩子「友誼第一」，不要讓孩子滋生對競爭對象的敵意。讓孩子自己和自己競爭也是很好的辦法。

另外，不要忘了，在小目標達成後給予適當的獎勵。可以讓孩子選擇一件他自己喜歡做的事，比如，看動畫片，打電腦遊戲，或去餐廳吃飯等。

教子小徑：

1. 對待孩子應公平待之。
2. 讓孩子切實感到透過自己的努力，目標是可以達成的。
3. 在孩子取得一定的成績後，及時給予鼓勵，讓他們繼續努力。

名人教子名言：

要有生活目標：一輩子的目標，一段時期的目標，一個階段的目標，一年的目標，一個月的目標，一個星期的目標，一天的目標，一個小時的目標，一分鐘的目標，還得為大目標而犧牲的小目標。

——托爾斯泰（Tolstoy）

不要顧忌競爭，誰做事漂亮，他就能夠在競爭中取勝。

——亨利．福特（Henry Ford）

良好的競爭心理，正當的競爭精神，這就是使事業成功與督促個人向上的動力。

——松下幸之助

謝安——「聖賢與一般人之間，並沒有什麼不可逾越的界限。」

謝安簡介：

謝安（西元三二〇至三八五年），陳郡陽夏人。字安石，東晉政治家、書法家。官至侍中宰相。是著名的「淝水之戰」的指揮者之一。學正楷、草書於王羲之，書法造詣很高。謝安出身士族，年輕時就注意修身養性，喜歡讀書習藝，才器雋秀。但卻不願當官。他在上虞的東山築廬蟄居，「高謝人間，嘯詠山林」，過著閒適的隱居生活。直至他的好友、侍中王坦之去東山面請，痛陳社稷危艱，國勢衰微，亟需良將謀臣匡扶，謝安才慷憂而起，應召出山。其時已年過不惑。既「東山再起」，受命於危難之際，謝安宵衣旰食，不敢懈怠，開始了他中年以後二十年的奮鬥。西元三八三年，前秦軍南下，苻堅攜兵百萬，大有一舉踏平江東之概。謝安臨危不懼，要謝石、謝玄力拒，結果淝水一戰，大獲全勝，在中國戰爭史寫下了以少勝多的輝煌一頁。

謝安教子故事：

謝安是東晉後期著名的政治家、書法家。他在四十歲以前，對從政並沒有多少興趣，《晉書》本傳說他當時多次婉言謝絕官府請他任官的徵聘，經常與王羲之等人流連於山水之間，回家之後則賦詩著文，抒寫胸臆，另一方面，他重視教育子女，為此傾注了大量精力。

謝安很會運用啟發誘導的方法對子女進行教育，不像有些人那樣總是板起面孔來訓斥。這一點連他的夫人劉氏也不理解。一天劉氏教兒讀書，兒子一時沒有學會，她很煩惱，便找謝安埋怨說：「都是你把孩子慣壞了，從來沒見到你教過孩子！」謝安笑著說：「我不是經常教育孩子嗎？只是妳看不出來罷了。」

一次，在一個下雪的日子裡，謝安把眾子姪召集起來，為他們講解怎樣寫文章，講了一會，雪突然大起來了，謝安想，正好可以試一下孩子的文采，啟發他們學會比興的方法，於是停止了講解，高興的說：「白雪紛紛何所似？」孩子立刻擁到廳堂門口，看著飄揚飛舞的雪花，有的想起《詩經》上的「北風其涼，雨雪其滂」的句子，有的想起「今我來思，雨雪霏霏」的句子，還有的想起《穆天子傳》上「北風雨雪，天子遊黃台之丘」的句子……。但是紛紛揚揚的白雪像什麼呢？一時都沒能找到貼切的比喻。

謝安的二哥謝據的長子，名叫胡兒，性格活潑，心直口快，想了一下，覺得雪和鹽差不多，於是吟道：「撒鹽空中差可擬。」其他的孩子聽後，有的微笑，表示同意；有的搖頭，認為比擬不貼切。他們不約而同把目光轉向了謝安，只見謝安手撚鬍鬚，笑而不答。這時謝安大哥謝奕的女兒道韞，笑了笑說：「未若柳絮因風起。」謝安一聽，覺得既十分貼切而又富有新意，連聲說：「好！好！」說罷放聲大笑，孩子也向道韞投過來欽慕的目光。謝道韞因此而被譽為中國歷史上有名的才女。

還有一次，謝安把子姪召集起來，詢問他們學習《詩經》的情況，最後問：「你們覺得《詩經》中的哪一句最好？」姪子謝玄說：「我覺得〈采薇〉中的『昔我往矣，楊柳依依；今我來思，雨雪霏霏』這幾句最好。」謝安說：「學習《詩經》除了學習這種即景抒情的寫作方法，還要從中學習從政治國之道，我看〈大雅．抑〉中的『訏謨定命，遠猷辰告』這兩句最好，因為它的意思是說，當政者應該制定宏大的計畫，要深謀遠慮，並且對此念念不忘。這兩句表現了有識之士的深刻見解。」子姪聽後都點頭稱是。

隨後謝安又問：「孩子，你們認為怎樣為人處事才是最好的呢？」子姪聽後很長時間沒人回答。後來，謝玄說：「我想，將來應像芝蘭玉樹一樣。生於庭堂之前，亭亭玉立，風采無比。」謝安聽後，高興的說：「你說得好。聖賢與一般人之間，並沒有什麼不可逾越的界限。孟子說過：『人皆可以為堯舜。』希望你們努力！」這些話使子姪受到很大鼓舞。

另外，子姪有了過錯，謝安也很注意批評的方法。謝玄小時候喜歡佩帶紫羅香囊，這在當時是一種輕浮的表現。謝安想教育他改正，但又怕損傷他的自尊心。於是想了個辦法，有一次和他開玩笑，打賭比輸贏，謝安贏得那個紫羅香囊後就燒掉了，謝玄也懂得了叔叔的用意，從此再也不佩帶了。

謝家子弟在謝安指導下，都成長為有用之才。在淝水之戰中，姪子謝玄為前鋒都督，兒子謝琰為輔國將軍，兩人率晉軍衝鋒陷陣，對戰爭的勝利起了很大的作用。

育子點撥：

謝安對子姪的教育是很有成效的，值得我們學習。從雪花的飄落上，謝安讓子姪發揮想像力，對雪花進行比喻，以鍛鍊他們的文思。又在對《詩經》的闡釋中，適時啟發他們明白治國安邦的道理。這樣的教育方式是很容易使人接受，並會有很好的效果的。

現在的家庭獨生子女多，孩子即是家長的又是國家的，他們的健康成長不僅關係到家庭，也有利於國家。子女教育是一門學問，筆者不贊成打罵教育，要孩子做每件事前，都應向他說明道理，而不是主觀武斷，比如他對讀書興趣缺缺時，可以這樣跟他說：「讀書是你自己的事情，一分耕耘才能有一分收穫，你將來要有出息，要做對國家有用的人，現在就應該學好每一門知識。」說話時態度要和藹，語氣要平和，使他增強學習的興趣和信心，愉快的投入到學習生涯中。

在生活中我們發現，孩子很大程度上是憑興趣學習的，哪一門他特別感興趣，他就會多投入，比如，孩子從小喜歡組裝各類模型，什麼船模、車模、航模等，我們就應盡量滿足他的要求，買模型給他，還可以在他課業表現良好時給予獎勵模型，這樣連環效應，使他對各科成績都用功。

比如，有的孩子不喜歡讀書，看到書就頭痛，就可以誘導他從讀安徒生的童話書起步，從《醜小鴨》、《國王的新衣》、《賣火柴的小女孩》等富有教育意義的篇章入手，啟發他到書裡去找樂趣，慢慢的，他就會有所醒悟了，就能長時間的坐住了，此時家長因勢利導，到圖書館借一些他感興趣的文學作品，以拓寬他的知識面。同時也可以搭配一些他比較感興趣的課外讀物，或者一些類似的工具書、光碟等等，加強孩子學習的積極性。

教子小徑：

1. 透過一些生活中的事物，啟發或訓練孩子的想像力及文采等等。
2. 透過閱讀一些有意義的文章，適時讓孩子明白一些道理。
3. 批評孩子時應像謝安管教姪子謝玄那樣，講究一些方法，不要太直接了，以免損傷其自尊心。

名人教子名言：

要培養孩子的智力，那你就得教他學會思考。

——蘇霍姆林斯基（Sukhomlinskii）

教育中應該盡量鼓勵個人發展的過程。應該引導兒童自己進行探討，自己去推論。應該盡量避免直接講給他們聽，而應該引導他們自己去發現。

——史賓賽（Spencer）

教育不能創造什麼，但它能啟發兒童創造力以從事創造工作。

——陶行知

陳景潤——「教育孩子要靈活，要分階段。」

陳景潤簡介：

陳景潤（一九三三至一九九六年），生於福建福州。中國現代數學家、世界著名解析數論學家之一。代表作品：《數學趣味談》、《組合數學》。一九五三年畢業於廈門大學數學系。中國科學院數學研究所研究員。歷任中國科學院數學研究所研究員、所學術委員會委員兼貴陽民族學院、河南大學、青島大學、華中工學院、福建師範大學等校教授，國家科委數學學科組成員，《數學季刊》主編等職。主要從事解析數論方面的研究，並在哥德巴赫猜想研究方面取得國際領先的成果。一九五〇年代對高斯圓內格點、球內格點、塔里問題與華林問題做了重要改進。一九六〇年代以來對篩法及其有關重要問題做了深入研究，一九六六年證明了命題「一加二」，將兩百多年來人們未能解決的哥德巴赫猜想的證明大大推進了一步。這一結果被國際上譽為「陳氏定理」；其後又對此做了改進，將適用陳氏定理的最小質數從原有的 80 推進到 16，深受稱讚。一九八〇年當選為中國科學院院士。

陳景潤教子故事：

陳景潤在教育孩子方面也有獨特的見解。他有個兒子名叫陳由偉。陳景潤對獨生子的培養方法是：民主對待兒子。家庭民主，父子民主，母子民主，使孩子能自由自在成長，使他的思維方法更具有個性。陳景潤認為，孩子有個性才能成才，文藝家、政治家、科學家都靠個性的發展才獲得成功。

陳由偉天生聰明，每當他拿玩具，便好奇的把玩具解剖——拆開看個明白。一個玩具幾十人民幣（約新台幣數百元），當母親的便嚴肅批評兒子。這時，陳景潤總是笑嘻嘻的站在兒子那邊說：「孩子有好奇心是件好事。他能拆開玩具證明他有求知欲望，能研究問題。當父母的要支持他才對。」

由偉上小學後，常常向陳景潤談自己的事，讀書、運動或與同學的往來。陳景潤認真聽著，然後擔任孩子的參謀，或表揚或批評糾正。很快，他就獲得了孩子的信任，和兒子成了朋友。

陳景潤認為，教育培養孩子，要因人而異，不同環境、不同性格，教育的方法也要不同。這正是這位舉世聞名的數學家的與眾不同之處。陳景潤欣慰的說，教育孩子要靈活，要分階段。孩子的成長與教育方法分不開。

育子點撥：

陳景潤的教子方法可說是經驗之談，值得所有父母借鑑。

下面我們就家長如何對幼兒進行教育和培養來談一談。

先從幼兒的道德判斷和道德行為上說起吧。一般來說，幼兒的道德判斷和道德行為是在成人影響下，在幼兒心理發展的一定條件下產生的。一歲前的幼兒還沒有道德判斷，也不可能有意識的做出什麼道德行為。一歲以後，在兒童與兒童之間就可以看到各種正面的和負面的關係——道德行為的最初形態。一到兩歲兒童間的關係主要有：

不良的相互關係：攻擊性的動作，如奪取玩具、打小朋友、罵人等；防禦性的動作，如哭等。

良好的相互關係：情緒上良好的遊戲；共同遊戲，如大家一起玩某個遊戲；配合其他兒童，幫助其他兒童。

在家庭早期教育中，防止幼兒不良的相互關係、培養與鞏固良好的相互關係是家長的重要任務之一。其方法主要是：對幼兒好的行為，父母做出愉快的表情，說「好」、「乖」；對幼兒不好的行為，家長做出不愉快的表情，說「不好」、「不乖」。這樣，孩子就在父母和成人的態度中得到經驗，維持好的行為，防止與克服一些不好的行為。對幼兒說道理往往不奏效，講道理也常常是「好」、「不好」，「乖」、「不乖」之類的簡單評價。最初的道德判斷，三歲孩子已經能分為兩大類，即好人和壞人。還應指出：幼兒只有一些道德判斷和道德行為萌芽的表現，對他們不能做過高的估計，也不能提出過高的要求。因為兒童的道德判斷和道德行為是不穩定的，需要成人予以鼓勵和督促。例如：當孩子看見別的兒童折花時，他正確的提出警告說：「媽媽說的，折花就是不乖。」但是也可能過了一會兒他自己也忍不住折起花來。因此，對幼兒耐心的、反覆的進行教育是很重要的問題。我們從孩子小時候起，就用適合兒童年齡特徵的方法來培養正確的道德判斷和良好的道德行為，對兒童日後的人格形成有著非常深遠的意義。

幼兒注意的範圍也是相當廣闊的。這時不僅有眾多的自然現象引起他們注意，而且社會中的政治經濟、文學藝術和生活周圍的諸多現象也可引起他們的注意。這個階段的孩子容易對那些能看得見、摸得到的、具體的、比較熟悉的和誘人的、鮮明的事物產生興趣。所以，我們在安排孩子學習和活動時，從內容到方法上，都要力求顏色鮮明、新奇有趣、具體形象、生動活潑，以引起他們的注意，進而培養其自主注意，達到學習和活動的目的。學前期兒童的注意很容易受外界事物影響而轉移，因而家長在安排孩子學習與活動時，要善於排除不必要的外界事物的影響，以保證學習和活動順利進行。要注意的是，讓學前期孩子長時間的從事某一活動是不適宜的。

第六章 技巧——非標準方法所贏得的

陳景潤——「教育孩子要靈活，要分階段。」

幼兒記憶發展的特點。幼兒期的記憶有明顯的發展，幼兒不但能夠在各種活動中不自主的記住很多事物，而且開始能自覺的、有目的的記憶。其中不自主記憶占主要地位。具體形象的、生動鮮明的、能引起幼兒興趣、激發幼兒情感的事物，帶有手勢和表情的語言，以及經過多種感覺器官（眼、耳、鼻、舌、身）接觸的認識對象，往往容易被幼兒不自主記憶。父母和成人可利用這個特點幫助孩子進行記憶，逐步培養其自主記憶能力。這時期的孩子對事物的記憶往往依靠機械記憶。在家庭教育中常常見到：一個兩三歲的娃娃竟能背誦一二十首詩詞或兒歌，但並不完全了解其意義。可見幼兒機械記憶能力是較強的，因此，在早期的家庭教育中，可適當讓孩子機械的記憶一些東西，隨著年齡的成長，知識經驗的不斷豐富，他們是可以逐漸理解其意義的。機械記憶的東西遺忘的比較快，因而需要及時的、經常的複習，不斷強化，才能鞏固在腦海中。

幼兒思維發展的特點。幼兒思維的主要特點是具體性，即依靠事物在頭腦中的具體形象進行思維，其抽象邏輯思維剛萌芽。我們在家庭早期教育中教孩子數字的概念時，一、二比較容易教，孩子也比較容易領會，三的概念就不那麼容易了，原因是生活中，一個人、一枝筆、一輛車，兩條手臂、兩條腿，兩隻耳朵、兩隻眼，既常見又具體形象，可是三就不那麼常見了，因此孩子掌握時就比較困難。這與年幼孩子思維的具體形象性直接有關係。所以，幼兒如果沒有一定的感性知識和經驗，是不可能概括認知事物的。當然，如果不掌握一定的詞彙量，孩子也無法正確概括事物的。因而在家庭教育中根據幼兒思維具體形象性的特點去施教是至關重要的。

對於空間和時間概念，幼兒也是和具體事物連結起來才能掌握的。例如，問孩子「什麼是下午？」孩子會說：「吃過飯、睡完午覺，就是下午。」幼兒對事物的理解主要是直接理解，即依靠直接經驗。因此，比較抽象的時間空間概念的掌握就比較困難一點。如，孫子成成跟他媽媽到外公家，外公問：「成成，你爸爸怎麼沒來？」「爸爸去姑姑家了。」「什麼時候去的？」「後天去的。」實際是昨天去的，顯然孩子並不懂「後天」的涵義。幼兒不會分析事物的內部涵義，不會分析語言的轉意或寓意。針對這個特點，父母要特別注意正面引導，不要講反話或諷刺話。

家長應了解、知曉這個規律，從每個孩子的發展階段和現狀出發，才能收到良好的教育和培養的效果。

教子小徑：

1. 陳景潤對孩子的教育和培養是以民主對待為重，以使孩子能自由自在的成長。
2. 陳景潤認為孩子有好奇心是好事，這樣可以激發他的求知欲，做父母的應該支持。

名人教子名言：

家長要善於細心的觀察孩子，從孩子的一舉一動和隻言片語中去發現孩子的求知欲。

——布魯根卡特（Bruggencate）

兒童的其他欲望應該小心控制，但是好奇心應該謹慎的予以鼓勵。

——洛克（Locke）

好奇心是強有力的智慧最為持久的特徵之一。

——塞繆爾．詹森（Samuel Johnson）

錢玄同——「對於一切事物，一個人應該有科學的頭腦。」

錢玄同簡介：

錢玄同（西元一八八七至一九三九年），原名錢夏，號疑古，浙江吳興人。十九歲留學日本，翌年加入中國同盟會，曾從章太炎治「小學」。一九一三年始，先後任北京高等師範、北京大學教授。一九一七年在《新青年》上發表雜感，力主「文學革命」，成為「隨感錄」的重要作者。「五四」後，任北京師大國文系主任，參加語絲社，並致力於音韻學研究，從事文字改革工作。一九二八年任北平大學中文系主任。有音韻學和辭書等著述多種。

錢玄同教子故事：

錢玄同是中國近代著名的語言學家，其子錢三強是中國著名的物理學家，他能取得如此輝煌的成就，和他父親的教育和培養有著密切的關聯。

錢玄同在兒子小的時候就很注重科學方面的教育。早在孩子讀小學時，錢玄同就為兒子讀了不少課外讀物，有期刊，也有新舊小說，這些讀物不但豐富了錢三強的課餘生活，也幫助他開闊了眼界，養成了讀書習慣，提高了寫作能力。同時，錢玄同還教育孩子要認真學好外語和自然科學，參加體育活動，鍛鍊好身體，他經常對兒子說：「你將來學什麼，我不包辦代替，要由你自己去選擇，但是對於一切事物，一個人應該有科學的頭腦，應該用自己的理智去分析，研究其真相，判斷其是非、對錯，然後定改革的措施。」這些話，從小就印在錢三強的腦海裡。

慢慢的，在兒子對科學有了極大的興趣後，錢玄同就積極的加以鼓勵。錢三強上了中學後，有一次讀了一本孫中山的《建國方略》，書中提出要把黑暗、落後的國家建設成繁榮、昌盛的面貌，並具體規劃了未來中國的藍圖。錢三強讀完後自言自語說：「對，要使國家擺脫屈辱，走向富強，非建立強大的工業，非學科學不可。」當晚，他就把自己的想法告訴了父親。錢玄同很支持兒子的想法，鼓勵他去考北大理科預備班。錢三強在中學時學的是法文，而北大的教材卻是用英文寫的。面對這個難題，錢玄同積極鼓勵兒子下工夫實現自己的理想。在父親的支持下，錢三強經過不懈的努力，終於攻克了英文。

在北大預科學習時，錢三強還旁聽了清華大學教授吳有訓、薩本棟講近代物理和電磁學，還讀了英國科學家羅素的《原子新論》，他深深愛上了原子物理，轉而考入清華大學，以優異成績畢業。一九三七年，錢玄同又鼓勵兒子去應考公費留學生。出國前夕，正逢錢玄同病重，是去是留，錢三強不知如何是好，父親看出兒子的心事，鼓勵他不要掛念家裡，說：「你唸的科系，將來對國家有用，你還是出國好好學習吧！」

就是在父親的這種勉勵和支持之下，錢三強最終成為一代著名的核子物理專家，為中國科學事業的發展建立了不朽的功勳。他的導師稱他是一代科學人員中的最優秀者。

育子點撥：

錢三強能取得今天的成就，這與父親錢玄同的教育和培養是分不開。現在的家長，如果您也想培養孩子學科學的習慣，不妨效法錢玄同的做法。而下面，我們也將從如何培養孩子學科學的習慣為出發點來談一談。

科學技術是促進社會發展的主要動力，父母要注意從小培養孩子對科學的興趣。可以在日常生活中這樣培養孩子學科學的習慣：

1. 和孩子一起準備食物。廚房是一個最大的實驗室，在這裡，孩子可以觀察很多成分是如何混合變成其他顏色和味道的，怎樣替食物加熱和冷卻，成為我們想要的食物的樣子。

2. 讓孩子玩水。玩水對於剛學會走路的孩子而言是一項很有趣的活動，三四歲的孩子更會對此樂此不疲。如果你還能往水裡加一些東西，讓孩子觀察會發生什麼樣的變化，孩子就更有興趣了。比如，你在水裡加入食用色素，會發生什麼樣的變化？如果加冰呢？如果把一盤水放在冬天的戶外會怎樣呢？在溫暖的夏夜把一個裝滿水的淺盤子放在戶外一個晚上又會怎樣呢？會蒸發在空氣裡嗎？在水裡放上鹽會溶解，放上別的呢？比如油，會怎麼樣？會不會溶解呢？所有關於水的遊戲都會讓孩子非常著迷。

3. 和孩子一起種植物。院子裡的植物經常會施肥或者播灑農藥，三四歲的孩子不適合和你一起到院子裡種植物，他們可能會不小心攝入有毒的東西。在室內的小花盆裡種植小植物就完全可以滿足孩子的好奇心了。試著和孩子一起種植一些能在短時間內快速生長的植物，比如在一個透明的玻璃花瓶裡，無土栽培玉米、小馬鈴薯等。幾天之內，孩子就可以親眼觀察到這些種子發芽、長出葉子的全部過程。

4. 做個聲音試驗。讓孩子和你一起學著發出柔和的聲音，然後大喊幾聲，孩子會發現說話也有不同的方式，發聲部位不一樣，聲音也不一樣。如果朝著一個紙杯說話，聲音會變得低沉。如果把紙杯罩在耳朵上，媽媽說話的聲音就像從很遠的地方傳過來的。

5. 試試觸覺遊戲。把幾個有不同的形狀和材質的普通物品一起放進書包裡，比如，勺子、手套、冰塊，如果蒙上孩子的眼睛，讓他試著去拿，他能知道拿到的是什麼嗎？

6. 認識一些昆蟲和動物。和孩子一起在戶外散步的時候，多指一些東西給孩子看，比如螞蟻、毛毛蟲等，讓孩子真實的看見這些東西，觀察牠們。如果是非常安全的小動物，可以讓孩子直接用手溫柔的觸摸。也可以在去動物園的途中，和孩子一起探討哪些動物會飛、會走、會游泳，那些動物在幼年的時候像什麼，和他們的父母有什麼不同。還可以帶孩子去動物園，讓孩子直接接觸各式各樣的動物。

7. 觀察天空。看，雲在動，是風在帶著雲走。晚上可以帶孩子去看星星和月亮，月亮每天都在變化，有時圓、有時缺。也可以問孩子一些問題，比如，晴天的時候，天空是什麼顏色？陰天的時候，天空又是什麼顏色？日落的時候，天空還會改變顏色嗎？

教子小徑：

1. 錢玄同在兒子小的時候就很注重科學方面的教育，廣泛培養兒子各方面的能力，為他買各種課外讀物等，當兒子產生了學科學的興趣後，他極力鼓勵和支持。

名人教子名言：

科學家不是依賴於個人的思想，而是綜合了幾千人的智慧。

——拉塞福（Rutherford）

科學家應該是受過廣泛教育的人，是真正有知識的人。所有人類文化的問題和社會生活問題對他來說都是責無旁貸的。

——弗蘭克（Frankl）

對於一個真正的科學家來說，最不起眼的東西可以成為發現的源泉。

——格拉寧（Granin）

梅蘭芳——「尊重孩子就像尊重觀眾一樣」

梅蘭芳簡介：

梅蘭芳（西元一八九四至一九六一年），原籍江蘇泰州，生於北京。名瀾，字畹華。著名的京劇藝術大師，四大名旦之一，傑出的書畫家。出身於京劇世家。八歲學戲，十一歲登台。善演青衣，兼演刀馬旦。在京劇領域內對旦角的唱腔、唸白、舞蹈、音樂、服裝、化妝等各方面都有所創造發展，形成了自己的藝術風格。其藝術成就享譽世界。曾先後去日、美、蘇等國進行文化交流。在演戲之餘，他喜愛書畫，早年花卉師從王夢白，並經常創作。他與齊白石交誼頗厚，受其影響。加之自身藝術修養也非常深厚，繪畫作品亦也成績突出。作品清麗秀雅，成為珍品。著有《梅蘭芳文集》、《舞台生活四十年》等。

第六章 技巧——非標準方法所贏得的

梅蘭芳——「尊重孩子就像尊重觀眾一樣」

梅蘭芳教子故事：

梅蘭芳結婚成家，有了孩子之後，在教育孩子上他認為，疼愛孩子並非展現在生活上的滿足和給予，更應在心理和人格上進行塑造，只有這樣，孩子才會健康成長。因此，梅蘭芳不僅在社會上十分有名，他在家中也是一位和藹可親的好父親。

當時，社會上流行子承父業。但是，梅蘭芳卻不這樣做，他極力主張父母不能為孩子選定將來的工作，而應充分尊重他們的天賦和性格。而且，梅蘭芳特別反對當時好多戲劇演員不重視孩子上學讀書的陋習，主張首先應讓孩子接受教育！正是因為梅蘭芳有這樣的先見之明，因此，在他家中，父母對孩子的「溺愛」就是全力支持孩子到最好和他們最喜歡的學校去學習。並且，梅蘭芳還特別注重觀察和了解每一個孩子獨特的愛好和興趣，並在此基礎上，結合孩子的性格，幫助他們確立人生的方向。

長子梅葆琛生性穩重，樂於思考，於是，梅蘭芳便為他在理工科方面發展提供條件，後來，梅葆琛果然考上名牌大學的建築系，終於成為有名的建築師。

二兒子梅紹武伶俐活絡，形象思維發達，於是，梅蘭芳便於抗戰時送他去美國唸文學系。梅紹武後來成為一位著名的翻譯家。

在家中行三的梅葆月，也是梅蘭芳唯一的女兒，則沉穩嫻靜，溫婉端莊，於是大學畢業當了一名大學老師。後來，在梅蘭芳的支持下，她成為有名的京劇演員。

梅蘭芳最寵愛的小兒子梅葆玖自幼心靈手巧，極具藝術家的潛質，加上嗓音和形象俱佳，真是繼承梅蘭芳創立的「梅派」藝術的最佳傳人。但是，即使如此，梅蘭芳也並不急於讓他少年習藝，而是直到梅葆玖大學畢業，才讓他正式隨劇團學藝。正因如此，梅葆玖後來才能成為一位極有修養和獨特魅力的表演藝術家。

梅蘭芳善於育子成才。有人向他請教培養子女的經驗，每當此時，梅蘭芳總是莞爾一笑，淡淡的說：「尊重孩子就像尊重觀眾一樣！」。

育子點撥：

梅蘭芳育子成才的故事充分說明了這樣一個道理，在教育子女上，應根據孩子的性格、氣質特點進行教育，這樣才會有很好的效果。在這裡，我們就來探討一下如何根據孩子的性格、氣質來施教。

所謂「性格」是一種表現在人的態度和行為方面較穩定的心理特徵，如優柔寡斷、剛強、懦弱等，是個性的重要組成部分。性格是人在社會生活實踐中逐漸形成的，一經形成便相對穩定。但性格也不是一成不變的，性格和氣質一樣，也有一定的可塑性。家長在判別孩子的性格時一定要注意：一時性的、偶然性的表現不能被認為一個人的性格特徵，只有那引起經常性的、帶有本質性的表現才能被認為是一個人的性格特徵。孩子的性格特點往往不明顯、不典型，還會帶有不成熟的幼稚感。

家長如果在孩子的幼兒期開始注意孩子良好性格的培養，就一定能取得事半功倍的成效。

兒童的氣質和性格雖然與先天稟賦有一定關係，但絕不是人一出生就形成了特徵明顯的、穩定的氣質和性格，而是經過後天的長期生活實踐逐漸形成的。兒童期是一個人氣質和性格形成的初始階段，也是極重要的階段，對孩子形成良好氣質和性格起著不可估量的作用。每個孩子都生活在一個特定的家庭環境中，而家庭環境（包括家庭成員的心理特徵）的好壞直接影響著孩子良好氣質和性格的形成。社會對孩子氣質性格的形成也有很大影響，其中最主要的是孩子經常接觸的人。因此，在孩子氣質性格的形成階段，家長要給予特別的關注，幫助孩子分清好惡美醜。隨著孩子不斷長大，家長要適時的培養孩子對自己的氣質性格進行正向的自我調節，使孩子的氣質和性格日臻完美。

那麼，怎樣根據孩子的個性氣質特點進行教育？

為了使孩子的身心健康成長，家長應了解兒童氣質類型方面的知識，並根據自己孩子的氣質特點，因人施教。例如，黏液質孩子的特點是「慢」，對這類孩子要給予正確的引導和幫助。當孩子做好一件事時，一定要鼓勵、讚賞他，同時對他提出進一步的要求，如「以後再快一點就更好了」。家長對孩子的要求應掌握好火候，既不太高也不太低，以孩子透過努力能達到為標準，之後逐漸提高要求。不論哪種氣質類型都有好的一面和不好的一面，教育的目的就是要發揚好的部分，克服不好的部分。家長的教育方法是關鍵，一定要根據孩子的氣質特點採取適當的方法，循序漸進的進行，不可操之過急，防止孩子產生壓抑感和反感，否則有可能助長不好的部分。

教子小徑：

1. 梅蘭芳注重觀察和了解每一個孩子獨特的愛好和興趣，並在此基礎上，結合孩子的性格，幫助他們確立人生的方向。

名人教子名言：

就像從很小的孔穴能窺見陽光一樣，細小的事情能刻畫出人的性格。

——斯邁爾斯（Smiles）

我們不必羡慕他人的才能，也不需悲嘆自己的平庸；各人都有他的個性魅力。最重要的，就是認識自己的個性，而加以發展。

——松下幸之助

芭芭拉．布希——「讓孩子迷上讀書，比父母的任何教育都有效。」

芭芭拉．布希簡介：

芭芭拉．皮爾斯．布希（Barbara Pierce Bush，一九二五至二〇一八年）是美國前總統布希的夫人，至今在美國人心目中仍頗具影響。她被稱為美國人的祖母。面對家庭諸事，芭芭拉處理果斷。

良好的高等教育、吃苦耐勞的精神都發揮了很大作用。她患甲狀腺炎，布希也有心臟病。女兒多蘿西離婚、兒子尼爾職位被解除，特別是一九五三年年僅三歲的女兒羅賓死於白血病，這一切都沒有壓倒芭芭拉，她總是竭盡全力保護他們。在美國，一提起芭芭拉．布希，人們都懷著崇敬的心情稱她為賢妻良母。為了丈夫的事業、孩子的成長，她把自己的一生默默奉獻給了他們。

芭芭拉．布希教子故事：

芭芭拉．布希，在教育孩子時有一個獨特的祕訣，就是「家庭朗讀」。芭芭拉．布希每天堅持為自己的孩子讀書，她把這種讀書經驗歸納為六點：

一、讀書宜早不宜遲。

根據芭芭拉．布希的經驗，選擇為孩子讀書的年齡，越早越好，早接觸聽和讀，有益於孩子的智力啟蒙。

二、養成朗讀的習慣。

芭芭拉．布希常常在孩子睡前讀書給他們聽。她說：「父母在什麼時候為孩子讀書無關緊要，但在每天同一時間裡，至少要讀上十五分鐘，這樣能使孩子獲益良多。」

三、**讓書籍伸手可及**。

芭芭拉．布希認為，在一間擺滿書籍的房間裡長大的孩子，容易早早成為這些書的熱心讀者。

四、**選擇好書**。

在這一點上，芭芭拉．布希認為：孩子需要與他們的興趣、年齡和能力相符合的書籍，同時也需要多種類的圖書。她建議：為孩子讀各式各樣的文本——報紙、雜誌、說明書，這樣就向孩子展示了各方面的生活文字。孩子還喜歡一遍又一遍的聽同一個故事，反覆閱讀可以擴大孩子的詞彙量，有助於孩子理解故事的寫作結構。

芭芭拉．布希歸納出四種年齡層孩子選書的原則：

1. 三歲以下的嬰幼兒，喜歡連環畫及有關他們熟悉事物的故事書，形狀和色彩能夠吸引他們的注意力。
2. 三到六歲的學齡前兒童喜歡動作圖書、幻想故事，有關日常生活和動物的兒歌或寓言，易於兒童記憶。
3. 六到九歲的孩子喜歡讀他們愛好和感興趣的書，當孩子開始能自己讀書以後，就選一些較有深度的書唸給他們聽。
4. 十到十二歲的兒童喜歡幽默小品、民間傳說、長詩以及比較錯綜複雜的故事和偵探故事。

五、唸得生動有趣。

芭芭拉唸故事給孩子聽時，盡量不讓他們光坐在那裡聽。有時也問一些問題，讓孩子解答。

六、孩子自己能讀書之後，仍繼續唸書給他們聽。

芭芭拉．布希建議：父母應一直唸書給子女聽，直到升上中學為止。因為大部分孩子在十二歲以前，聆聽能力比閱讀能力要高，所以他們聽書的收益會很大。為大一點的孩子唸書，可以藉機把他們不會自己拿來看的書介紹給他們。

芭芭拉·布希說，讓孩子迷上讀書，比父母的任何教育都有效，因為每本書籍都可以作為一個「老師」來幫助父母教育孩子。讀書習慣，使孩子一生都受益無窮。

在芭芭拉．布希的讀書方法的教育和培養下，她的孩子都成為了優秀的人物。

育子點撥：

布希夫人的讀書教子法是成功的，確實值得學習和借鑑。

閱讀之所以能為人帶來樂趣和功用，是由於文字帶來的意義。從這個意義上說，文字只是載體，識字只是手段，而閱讀，才是我們的目的。

兒童要學會閱讀，需要達到很多條件。他需要知道文字這種象徵符號系統是代表意義的；他需要能認識單字；他需要掌握一定的詞彙量；他需要能正確劃分片語，能夠正確理解段落的涵義；尤其是，他需要喜愛閱讀，能進行思考、推理和想像，能沉浸在故事當中，能分享他的思想。而這些，早在認字之前，就需要替孩子打好基礎，這樣，孩子才能更順利的學會閱讀。

從小聽父母讀書的孩子，遠在識字之前，就在父母膝上領略了書中世界的奧妙，對那個美好世界的嚮往，使孩子更有動力、更主動、更配合的去掌握閱讀所需的各種基礎。長久的聽書、讀書，豐富了孩子的詞彙量，也擴展了孩子的知識面，為孩子今後獨立閱讀時理解書中的內容打下了基礎。

聽父母讀書，也培養了孩子傾聽的習慣。在電視節目大行其道的今天，孩子能夠不靠喧鬧畫面的吸引，專心的傾聽，從中獲取有效資訊，對今後孩子上學讀書聽課都很有好處。

閱讀，不僅是孩子成長過程中必須掌握的一個技能，也是在現代社會生活所必備的一項技能。成為一個好的讀者，對現代人的學習、工作和生活都具有重要意義。

如果父母從孩子一兩歲起就開始教導孩子閱讀，那麼孩子很早就會具備閱讀的能力和想法，這樣，孩子就會在吸收能力最佳的時期，奠定母語能力的基礎，培養出高智慧。

所以，想要培育優秀的孩子，一定要盡早讓孩子讀書。再強調一下，不是因為孩子聰明才讓他盡早讀書——這種傳統的想法耽誤了許多孩子——而是從小就讀書，才能使孩子更早的具備閱讀能力，而具備閱讀能力的孩子才會變得優秀。

教子小徑：

1. 芭芭拉．布希的讀書教育法是具體而有科學性的，家長不妨一試。

名人教子名言：

熱愛書籍吧，書籍能幫助你們生活，能像朋友一樣幫助你們在那使人眼花撩亂的思想感情和事件中理出一個頭緒來，它能教會你們去尊重別人，也尊重自己，它將以熱愛世界、熱愛人的感情來鼓舞你們的智慧和心靈。

——高爾基（Gorky）

生活裡沒有書籍，就好像沒有陽光；智慧裡沒有書籍，就好像鳥兒沒有翅膀。

——莎士比亞（Shakespeare）

花費時間去讀他人的著作，透過他人的辛勤能輕易的達成自我改善。

——蘇格拉底（Socrates）

達爾文——重視如何引導他們向健康方向發展

達爾文簡介：

查爾斯．勞勃．達爾文（Charles Robert Darwin，西元一八〇九至一八八二年），生於英國施洛普郡的舒茲伯利。英國博物學家，科學演化論的奠基人。西元一八二五至一八二七年在愛丁堡大學學醫，西元一八二七至一八三一年在劍橋大學學神學。西元一八三一年參加小獵犬號的環球考察航行，歷時五年，觀察、收集了大量動、植物和地質方面的資料。回國後，透過試驗、總結和長期思考，逐步形成了生物演化的概念。西元一八五九年出版《物種起源》一書，在社會上產生了很大的影響。此後，又出版了《動物和植物在家養下的變異》和《人類的由來與性擇》等著作，進一步充實和發展了演化學說。達爾文熱愛自然，熱愛科學，堅持實踐，細心觀察事實，努力研究、探索自然規律，一生共發表了八十多篇論文，出版了二十幾部著作，為人類留下了豐富的科學遺產，是一位不斷追求真理並做出劃時代貢獻的偉大科學家。

達爾文教子故事：

達爾文雖然是一個生物學家，但也注意研究孩子的培養和教育，更重視如何引導他們向健康方向發展。他曾說過：「脾氣暴躁是人類卑劣的天性之一，人要是發脾氣就等於在人類進步的階梯上倒退了一步。」對此，他力戒，以免影響兒女，堅持不對任何一個孩子說一句生氣的話，而孩子也對他心服口服。

有一天，三歲多的兒子想與爸爸一起玩耍，他鼓起勇氣破壞了母親立下的規矩，在達爾文工作的時間敲響了他書房的門。兒子想用自己的六便士「收買」正伏案寫書的父親出去打球，達爾文看著兒子髒兮兮的小手掌上的六便士，並沒有生氣，只是皺了皺眉，便立即到花園去與孩子遊戲。過後，他嚴格命令：「這樣的事再也不准發生。」至於那六便士，自然也物歸原主。

在當時的維多利亞女王時代，你縱使以最含糊的方式提到有關「性」的任何問題，也會被認為是有失體統的，但達爾文卻極開明。當兒子能夠獨立思考，雖尚未達到青春年齡時，他就為他們講解生殖的基本原理；而他的妻子也是如此，從而免除了當時一般少男少女成長所要經受的驚恐和苦惱，幸運的不在可悲的愚昧中長大。

育子點撥：

達爾文這種不挫傷孩子自尊心的方式和以科學的態度幫助青少年了解性知識的做法，值得今日的父母借鑑學習。

一談到性，很多人就會感到尷尬，尤其是父母當著孩子的面談這個問題。因此，許多家長認為，孩子的性教育應等到他們第二性徵發育後，水到渠成，無師也能自通。據一項權威調查顯示，三分之一的母親在其女兒初潮（第一次月經）前沒有告訴過孩子如何處理。這些家長錯誤的認為，對孩子進行性教育會破壞孩子的純潔性，會在無意中起到不良的教唆作用。

然而，性教育問題現在已刻不容緩，家長不能再忽視了。一方面處在青春期的孩子，他們存在著各種性困惑，正處在探索階段，如果他們得不到有關的性知識，學校及家長沒有針對他們的成長發育進行性教育，他們便會主動去尋找。處在多媒體時代的青少年，對來自各種途徑的性知識很難分清良莠，他們容易在對性和兩性交往的神祕感和好奇心的驅使下，自己去嘗試、體驗。另一方面，家庭、學校、社會對青少年性教育遮遮掩掩、欲言還休，使「性」在青少年眼中愈加神祕，偷吃「禁果」也就不難理解了。

性生理教育專家認為，孩子的性發育是其生長發育的重要階段，家長和老師應該教會孩子正確對待有關性的問題。父母是對孩子最有影響力的人，也是承擔子女教育的最佳人選。子女的性教育應該在青春期前就要開始，因為一般來說，兒童時期的小孩就對男女性器官不同產生了好奇心。父母應該多讀一些有關性知識的書籍，或者向專家諮詢如何正確解答孩子提出的有關性的困惑。

青少年性教育是一個社會問題，如果處理不好就可能引發更多性犯罪和性暴力。專家認為，性教育開始得越早越好。幼兒和小學一二年級就可以讓兒童知道性生理，如性器官、生殖原理，這時的兒童自身的性覺還沒有形成，父母也不會面對性發育成熟的孩子遭遇「性」的尷尬。隨著孩子年齡增加再逐步開展性心理和性倫理教育，可以造就孩子健康的心靈和人格。

生活中可隨時進行教育。性教育專家指出，父母可以從生活中大大小小的事情來談性，不一定需要刻意安排。可以適當帶孩子參觀一些性教育展覽，聽一些生理方面的課程等等。

父母不要「談性色變」。家庭性教育是要家庭成員之間共同來學習與性有關的科學知識，保持一種健康進步的觀念，並在家庭生活中培養一種理解、豁達、和諧的氣氛。

教子小徑：

1. 達爾文認為，脾氣暴躁是卑劣的性情，對此，他力戒，以免影響兒女。
2. 對孩子的性教育，達爾文和妻子是在孩子能獨立思考，未到青春年齡時開展的，這是很講究方法的。

名人教子名言：

誰不能控制邪慾，誰就把自己擺在畜牲行列。

——達文西（Leonardo da Vinci）

戀愛與性慾不是一碼事，兩者的不同在於：性慾不需要尊重對方，不必為對方的命運擔憂；戀愛則是崇拜對方，為對方的命運著想。戀愛唯有理想的對象方會產生，而性慾的對象也可以是自己所鄙視的人。

——武者小路實篤

英迪拉·甘地——多抽時間陪伴孩子

英迪拉·甘地簡介：

英迪拉·普里雅達希尼·甘地（Indira Priyadarshini Gandhi，一九一七至一九八四年），印度前總理。生於北方邦安拉阿巴德市，尼赫魯的獨生女。曾在泰戈爾創辦的國際大學學習，後入牛津大學攻讀政治、歷史、人文等學科。十二歲就參加國大黨的反英政治活動。印度獨立後任其父尼赫魯總理的私人祕書。一九五九年任國大黨主席。一九六四年尼赫魯去世後入閣，任新聞和廣播部長。一九六六年一月當選國大黨議會黨團領袖，政府總理。一九六七年、一九七一年和一九八〇年三次出任總理。一九八三年主持第七屆不結盟國家首腦會議，任不結盟運動主席。一九八四年十月三十一日遇刺身亡。

英迪拉·甘地教子故事：

英迪拉·甘地是印度前總理，一個非常優秀的女人。作為領袖，她對印度有著出色的貢獻；作為母親，她是孩子心中最好的母親。

英迪拉·甘地說：「對於一個女人來說，當母親是個最崇高的天職。她把一個新的生命帶進這個世界，看著它成長，夢想它有偉大的前程。這真是令人陶醉的體驗，使人感到新奇和興奮。」

英迪拉·甘地的童年是不快樂的，因此她下決心一定要擠出足夠的時間和孩子在一起，好好愛孩子。她認為，對一個母親來說，應該經常把孩子放在首位，因為孩子對母親有著特殊的依賴。所以，不管她怎麼忙，怎麼累，也會抽出一些時間和她的兒子一起玩，一起學習。

英迪拉．甘地認為，對孩子最好的教育是以身作則。孩子對謊言或虛偽非常敏感，極易察覺。如果他們尊重你、依賴你，他們就是在很小的時候也會與你合作。在大兒子拉吉夫三歲時，他們搬了家。孩子對新居有些不適應，總是大吵大鬧。英迪拉．甘地就對他說：「花園裡的噴泉很美，你想哭的時候就到噴泉那裡去哭。」因此，每逢孩子流淚時，她就輕聲提醒一聲「噴泉」，孩子就走開了。在花園裡有許多東西能吸引他的注意力，他會很快忘記一切煩惱。

孩子上寄宿學校時，她只能在假日裡與孩子在一起。在與孩子分開的日子裡，她堅持每星期寫一封信，有時會更多，因為她心裡一直惦念著孩子。

她認為，作為母親，她必須幫助孩子發展自我克制的能力，加強對他們品行的培養。真正的愛並不是遷就孩子，讓他們隨心所欲，而是要隨時約束和教育他們。拉吉夫十二歲時，因病要做一次手術。醫生想告訴他：手術並不痛苦。可英迪拉．甘地認為，孩子已經懂事了，那樣反而不好。於是她告訴拉吉夫，手術後有幾天會相當痛苦，可是誰也不能替代他，因此他必須有精神上的準備，哭泣或叫苦都不能減輕痛苦，也許還會引起頭痛。手術後，拉吉夫沒有哭，也沒有叫苦，堅強的忍受了這一切。

在父母應怎麼對待孩子的願望時，她說：「難道做父母的到頭來只能作為一個參觀者，任憑子女自行其是，不予勸阻，不加指導嗎？不，生活並不那麼簡單。我們做父母的擔負著悉心指導子女這一極其複雜而又細微的重任，不應該力圖用我們的個性去影響孩子或把我們的願望強加於他們。」

她非常清楚的意識到：做父母的目標，就是為子女取得成就和生活保障提供堅實的基礎，而這絕不是眼下努力為他們安排一個舒適的工作所能做到的。

育子點撥：

在這個故事中，英迪拉．甘地對子女的教育展現在許多層面，而在這裡，筆者僅就家長應多抽時間陪孩子這點上和讀者探討一下。

據世界衛生組織進行的「母親與兒童分離後對兒童行為影響」的研究顯示，過早離開父母親的兒童多數不能很好的與人相處，怕玩遊戲，怕冒險，怕探索，怕接觸自己生活之外的人。這就是說，孩子的健康成長非常需要父母的關愛。

現代社會快節奏的生活，使許多父母無暇顧及孩子的情感需求。有不少父母一大清早就匆匆趕去上班，晚上下班回家已是疲憊不堪，還要忙著張羅洗衣、做飯等家務；更有一些年輕父母雄心壯志的要做出一番事業，晚上在家裡還要加班加點。然而，不知不覺中，這種狀況卻為孩子帶來了很大的苦惱，甚至有的孩子問：「爸爸媽媽只知道工作，他們真的愛我、關心我嗎？」

在孩子看來，父母好像對他視而不見了，以致許多孩子有心裡話也不和父母交流，寧願和學校的同學或好朋友交談。反過來，父母覺得孩子有話不跟自己說，因此生氣而責備孩子。其實，該責備的是我們自己。

所以，不論家長有多忙，都要重視孩子的存在，重視孩子的情感需求，抽出一些時間與孩子聊天，問一下孩子的情況；吃飯的時候，選一些令人愉快的話題與孩子交談；看電視的時候，與孩子一起討論節目；睡覺前與孩子交談一會兒，分享孩子的成就和感受。為了使孩子的性格健康發展，父母只要合理安排，時間還是能擠出來的。

每天早上早起一點，把家務安排好，和孩子共進早餐。上班或送孩子到幼稚園時，一個親熱的擁抱、幾句鼓勵的話，都將使孩子心情愉快、滿懷信心的迎接新的一天。下班以後很累，不妨先不要急著做家務，抽出十到二十分鐘，陪孩子下盤跳棋、堆堆積木等等，孩子對我們那麼依戀，我們又怎能無視他們的存在呢？

煮飯洗衣，幫孩子洗澡，孩子臨睡前，都是和孩子聊天的好機會。啟發孩子自己選擇話題，說說今天一天的見聞也好，講講今天動畫片的內容也好。總之，一定要孩子講出自己的感受，藉此了解孩子。

因為工作忙，你可能無法抽出一兩個小時陪孩子出去散步、遊戲，但給孩子一些時間卻是你的責任和義務。所以，如果付諸真情，每天的零星時間，也彌足珍貴。

在孩子的生日或「長假」、「週休二日」之際，盡量想辦法抽時間陪孩子到動物園、遊樂園玩玩，或者登山遠足，親近大自然。你會發現，你和孩子的感情在加深，你們的心貼得那麼近，忙碌並沒有阻隔親子間的親情。現今資訊網路的普及，社群與通訊軟體的發展，使得許多父母能夠更方便快速的與孩子聯絡。

教子小徑：

1. 英迪拉·甘地不管再怎麼忙，都會抽出一定的時間陪孩子一起玩，一起學習，以增進親子感情。
2. 當孩子吵鬧哭泣時，英迪拉·甘地會讓他到噴泉那去哭，以轉移孩子的注意力，將煩惱拋諸腦後。
3. 當孩子開始上寄宿學校時，英迪拉·甘地至少每週寫一封信給孩子，以表達對孩子的關愛。
4. 當她的一個孩子懂事後，因病要做一次手術時，英迪拉·甘地將手術的一些實際情況告知孩子，目的是鍛鍊孩子堅強的人格。

名人教子名言：

屋裡若有愛長駐，有友情為貴客，就是真正的家，家，甜蜜的家；因為在那裡，心靈可以休息。

——亨利·凡·戴克（Henry van Dyke）

家庭生活在兒童生長的每一個時期，不，在人的整個一生中，是無可比擬的重要。

——福祿貝爾（Fröbel）

那些博得自己子女熱愛的父母親是非常幸福的。

——伊林娜女皇

和田加津——「不懂得正確的教育方法，會對孩子犯下不可饒恕的錯誤。」

和田加津簡介：

和田加津（一九〇七至一九九四年），在亞洲是個赫赫有名的傳奇人物，她的影響之大，達到了家喻戶曉、婦孺皆知的程度。這一切都因為一部名為《阿信》的日本電視連續劇。主人公阿信白手起家，歷盡艱難困苦，終憑耐心與愛心，創立了成功的人生，成為亞洲人心目中的傳奇英雄。和田加津就是阿信的生活原型。這位生活歷程及仁慈愛心與阿信極為相近的日本婦女，以賣蔬菜為起點，創下八佰伴日後在世界上多個國家創立自己百貨公司的輝煌成績，在亞洲人的心目中樹立了極高的聲譽。「阿信」一時間也成為女性創業者的代名詞。（於一九九四年過世，八佰伴也於三年後的一九九七年因經營不善倒閉）

和田加津教子故事：

和田加津對孩子的教育是按照教育員工要有「奉獻與愛」的職業精神來實施的，她的五個兒子後來都成為優秀的人。

最初，她和丈夫的願望就是無論如何也要讓孩子能大學畢業，要求孩子的成績必須令人滿意，所以申斥孩子時就說：「就這樣行嗎？這樣別想上大學！爸爸媽媽真不知道每天這麼辛苦、滿身泥水的到底是為了什麼？」長期以來，這種想法成了測量孩子的尺度，孩子對這句話也都默默的服從。

但是，在她和丈夫讀了日本著名教育家谷口雅春的《培養好孩子》一書後，他們了解到：只求成績好、能競爭、考試合格是不能成為出色的人的，也不會擁有幸福的人生。確實，再聰明的孩子，如果心裡烏雲籠罩，又是個連父母的話都不聽的不誠實的孩子，那就再糟糕不過了。培養好孩子不僅要求成績好，還要陶冶「品格」，一味逼迫孩子學習絕非上策。

「要培養好孩子，首先要表揚、肯定孩子的優點。」書中的觀點對和田加津產生了新的震撼。以往她認為教育只是學校和老師的責任，現在才知道與父母和家庭也有很深的關聯，而且父母若不懂得正確的教育方法，還會對孩子犯下不可饒恕的錯誤。

和田加津在書中看到谷口雅春是這樣說的：「人都是上帝之子，作為上帝之子的人都有生就的天才，而父母不懂真理才沒有把他當成天才。孩子身上的天才是未經加工的鑽石，所以不能因為表面上沒有天才的光芒而失望。這種天才要靠表揚來磨製。誇獎孩子，使他們有信心、有勇氣，盡最大努力發揮出他所有的潛能吧！」她從書中學到了很多，回想過去，自己對孩子做了些什麼呢？她坦率的進行了反省。

孩子的言行就像一面鏡子，反映著家庭和父母的精神，所以希望孩子好，首先自己要起模範作用，父母或教育者的日常言行，對培養孩子的人格有最強的說服力。和田加津因為一心在買賣上，時常和丈夫發生口角，雖說是工作上的爭論，但在孩子眼中，則是父母在吵架。和田加津意識到這一點，便收斂了自己的脾氣，總是在孩子面前表揚丈夫。

之後，每當學校開家長會時，她都比以前加倍熱心的出席，從不缺席。而且家長會開始前都會先找老師，除了了解孩子的課業成績外，還了解有哪些值得注意的問題，以及孩子最近做得好的和應改正之處。在大家一起吃飯的時候，她就講孩子的優點：「老師誇獎你了，你一受到誇獎，媽媽也覺得很有面子，真是讓人高興。」

對每個孩子都品評表揚，而需要改正的問題則個別指出：「這裡要是這樣做就好了。」指出正確方向，誘導孩子接受。

身為母親，她改變了過去一見孩子就批評、申斥的做法，經常鼓勵、讚揚孩子：「好樣的，做得不錯！」雖說同是圍坐在一起吃飯，但話題變成了表揚和被表揚的內容，吃飯的氣氛也隨之變得愉快、和諧。

正是在這樣一種鼓勵教育下，她的五個孩子都成長為優秀的人才，這是她正確教育的結果。

育子點撥：

和田加津對子女的成功教育在於她善於學習優秀的方法，積極鼓勵自己的孩子。這是值得現在的家長借鑑的。下面，我們就鼓勵、讚賞孩子這點上進行一些論述。

在生活中，父母的表情對孩子有很大的影響。如果孩子一回到家裡，面對的就是一張數落自己的臉，一張嘮叨的臉，一張訓斥的臉，孩子就會從根本上失去在家庭中生活、學習的興趣。相反，父母的微笑和欣賞往往會對孩子的努力上進產生很大的正面影響。沒有人不需要獲得別人的讚美和表揚，父母要學會誇獎。任何孩子的身上，都有值得被誇讚的地方。很多父母都有這樣的體會，孩子對你的一句讚賞常常令你十分感動，更何況是孩子，他們更需要得到父母的讚賞和認同。

對任何人而言，家庭是一個溫馨的港灣，對孩子來說，這個港灣就是他幼小心靈的完全依靠。如果當他跨進家門迎來的就是父母冷若冰霜的臉，他心靈中的支柱就垮了。孩子的心靈是脆弱的，父母冷若冰霜的一擊會導致孩子終生站不起來。

孩子對自己的評價大多來自於周圍人對自己的評價。如果周圍人給他的評價是正面的、肯定的，他就會覺得自己可以，就會在生活中樹立起自信心來。反之，如果周圍的人總是向他傳遞一些負面的評價，如批評、指責、打罵等，孩子就會覺得自己一無是處，從而在心理上產生自卑感、無能感，甚至產生擺爛的想法。一個小小的讚揚、鼓勵，對孩子的影響是終生的。

如果家長老是把負面情緒傳遞給孩子，他就會用一種混雜著厭惡自己被打敗的神情看著你。所以，不要給孩子太大的壓力。

成功父母的首要原則：要成為孩子熱心的鼓勵者。

當孩子取得成功時，你要鼓勵他；當孩子遭遇失敗時，你更要鼓勵他，而且要加倍鼓勵他。千萬不要陰沉著臉，你以為你繃著臉，就更不敢鬆懈，就會想要更努力的去學去做。殊不知，你的壓力產生了物極必反的作用，孩子已經與你的期望背道而馳時，一切都晚了。

各位家長，不妨從現在開始換一種眼光、換一種思維看孩子，也許你會覺得他們的確是很值得誇獎的好孩子。

教子小徑：

1. 和田加津善於學習優秀的教育方法，從而意識到一個好孩子，不僅要成績好，還要有優秀的品格。
2. 以前和田加津經常和丈夫發生口角，後來意識到這樣會對孩子產生不好的影響，之後就有意的去改變，經常在孩子面前表揚丈夫。

3. 開家長會時，她總是積極和老師溝通，孩子哪些地方表現好，哪些地方表現的不好，她都做到心中有數。

4. 和田加津經常藉由吃飯或其他合適的機會表揚孩子的優點。以使他們健康成長。

名人教子名言：

稱讚不但對人的感情起著很大的作用，對人的理智也是如此。

——托爾斯泰（Tolstoy）

當我們聽到別人對我們的某些長處表示讚賞之後，再聽到他的批評，心裡往往會好受很多。

——卡內基（Carnegie）

馬克・吐溫——應注意孩子在一些瑣碎事情上流露出來的情感

馬克・吐溫簡介：

馬克・吐溫（Mark Twain，西元一八三五至一九一〇年），原名塞姆・朗赫恩・克萊門斯，出生於美國密蘇里州，那一年正好是哈雷彗星出現的時候。童年時代，馬克・吐溫住在密西西比河旁的小鎮裡，這裡是各種船舶穿梭聚散之地，他在此地的見聞，成為他日後作品中的題材和特色。十二歲時，父親去世，馬克・吐溫只好停學，到工廠當童工。後來他換了不少職業，先後曾做過密西西比河的領航員、礦工及新聞記者等工作。漸漸著手寫一些有趣的小品，開始寫作生涯。馬克·吐溫是他的筆名，意思是水深「十二英尺」。馬克·吐溫的第一篇引人注意的短篇小說《卡拉維拉斯郡著名的跳蛙》，使他成為頗有名氣的幽默作家。三十五歲結婚後，他專職寫作，隨後的二十年，相繼完成了《湯姆歷險記》、《乞丐王子》、《密西西比河上的生活》和《頑童歷險記》等不朽名著。

馬克·吐溫教子故事：

馬克·吐溫有三個活潑可愛的女兒，作為一位偉大的文學家，他對女兒的教育也像他的作品一樣，充滿著樂觀、幽默的情趣。

馬克·吐溫深愛著自己的女兒，從女兒剛剛開始懂事起，他就常常讓她們坐在自己椅子的扶手上，為她們講各種有趣的故事，這些故事都是馬克即興杜撰的，而題目要由女兒來規定。大女兒蘇西和二女兒克萊拉常常不假思索的隨便拿起一本畫冊，讓馬克就上面的一個人物或動物編一個故事，她們還故意用小手遮住畫面的其他部分，不讓馬克產生聯想。這當然難不倒馬克了，他畢竟是一個大作家呀。馬克·吐溫往往不費吹灰之力就演繹出一大段驚心動魄的故事來。有時，女兒在出題時還對故事中的主角一無所知，而當故事講完後就已經獲得了許多新知。

在馬克·吐溫的家庭裡，始終充滿著和睦融洽、歡快愉悅的氣氛，父母和女兒之間保持著一種平等和相互尊重的關係。馬克從來不擺一家之長的架子，也從不板著面孔教訓女兒。

馬克．吐溫對女兒的愛是特殊而細膩的，他以一個作家所特有的豐富的感情世界和細緻入微的觀察力，把視線深入到女兒的心靈深處。平時，他非常注意女兒在一些瑣碎事情上流露出來的情感，並且用一個專門的本子記錄下來，他覺得這樣可以幫助自己更好、更全面的了解孩子的成長過程和心理特徵，也可以加深父女之間感情的交流。

父母的一舉一動都會在不知不覺中影響孩子。無獨有偶，上行下效，蘇西稍大一點後，竟然也學著馬克的樣子，把對父親的觀察偷偷寫在本子上，用她自己的話說，是要為父親寫傳記。這當然瞞不過馬克的眼睛，馬克．吐溫知道這件事後，這位享譽世界的作家比聽到任何人的讚揚都要高興。為了幫助女兒又不使她察覺，馬克．吐溫常常故意在女兒面前表現自己，說一些妙趣橫生的話，目的是為女兒的寫作提供素材。時間長了，聰明的蘇西識破了爸爸的用意，當馬克．吐溫又一次發表精彩「演說」時，蘇西悄悄貼在媽媽歐麗維亞耳邊說：「爸爸是因為我替他寫傳記，才說這些話的，你看他多神氣啊！」

「傳記」的開頭是這樣寫的：「我們是一個非常幸福的家庭，我們有爸爸、媽媽、克萊拉、珍和我。我寫的是爸爸，要寫他並不難，因為他是性格非常突出的人，……他是我遇見過的或者希望遇見的最可愛的人，」

為了幫助女兒提高寫作程度，馬克．吐溫動了不少腦筋，他經常請女兒當自己的「編輯」，請女兒為自己的書稿提出修改意見。馬克．吐溫故意在書稿中加入一些不夠恰當或比較粗糙的部分，當女兒對這些內容提出異議或進行刪改時，他就會跟女兒爭辯，或者央求女兒「筆下留情」。最後的結果，往往是爸爸「被迫」接受女兒的意見，當然，對女兒在修改中加入的部分，馬克．吐溫最後只能是「忍痛割愛」，不過，這就不能讓女兒知道了。

在馬克．吐溫的精心指導下，蘇西的寫作程度進步很快，他為父親撰寫的傳記，語言質樸流暢，詞彙豐富，顯示出良好的文學素養。尤其值得稱道的是，她不僅如實的記述了爸爸的優點，而且不加掩飾的寫下對爸爸的批評，用馬克．吐溫的話說：「是個忠實的歷史學家。」這對一個尚未成年而又極愛她的父親的孩子來說，的確是難能可貴的。

蘇西很有文學天賦，又有著得天獨厚的生活環境，她也許能夠成為一個作家，能夠寫出可以與爸爸媲美的文學作品，這是她的理想，也是父母寄予她的厚望，但最終未能實現——病魔奪去了她年輕的生命，蘇西所留給世界的，只是埋藏在父母心底的深情思念。

育子點撥：

馬克．吐溫以作家獨有的感情愛著自己的子女，以他獨有的方式教育、培養著子女，尤其是他對子女細微心理的把握確實令人佩服。下面，我們就做父母和家長如何觀察、了解孩子的精神、心理世界來談一談。

他受傷了，你卻什麼都不知道

你的完美安排，不能成為孩子的未來

一位母親打電話給心理諮商專線：「請你們務必幫幫我，我和孩子已經成了仇人了，我應該怎麼辦？」

原來，這位母親有一個十八歲的兒子，孩子小時候是很聽話的，後來孩子長大了，就漸漸與母親說不到一處了，經常演變成爭吵。比如：孩子學測失利，在家溫書準備指考，為了複習時間的安排問題，母子倆的意見不一致，於是發生了爭吵；每次孩子看電視，都會遭到母親的干預。總之，「戰火」不斷。後來兒子一氣之下乾脆離家出走，過了幾天，找了個理由又回來了。

幾天之後，母子又爭吵起來了，兒子一氣之下將母親喜歡看的雜誌燒了，把母親精心培育的心愛的花草全部毀壞。

母親對兒子說：「我對你這麼好，你生活如此幸福，怎麼還天天找我們的麻煩？」兒子說：「這叫做幸福？其實不是我找妳的麻煩，是妳找我的麻煩！你們根本不了解我！」

這對母子似乎各有各的道理，因為兩代人的意識、觀念有不相同的地方，而各自又都站在自己的角度去看問題，於是意見往往不一致，如此，父母與孩子之間的矛盾就不可避免。這種情況在許多家庭中並不少見，只不過矛盾的程度不同而已。

應該說，孩子與母親吵架，毀壞母親心愛的東西是不對的。但是，這位母親確實也不理解自己的孩子。想想看，孩子學測失利，心理正處在一種低谷狀態，本來就有許多心事想與別人傾訴，有許多重負需要有人來為他分擔。如果在這時，母親能用體諒的態度善待孩子，體諒他心裡的痛苦，孩子心裡會好受些的；然後再以母親的愛心感化他，引導他走出低谷，把精力投入到學習中。

也就是說，要細心的了解孩子，但許多父母並不真正了解自己的孩子。

其實，每個孩子都有不同的性格、不同的興趣愛好、不同的想法。父母除了給予孩子各方面的關愛，還要從各方面觀察孩子，了解他們學習、生活的各種情況，了解他們的各種心理需求，然後採取不同的方法指導、鼓勵，幫助他們健康成長。

多了解孩子的性格特點、言行習慣；要與孩子親近，培養與孩子共同的興趣，如下棋、聽音樂、看球賽、游泳等，與孩子談天說地，與孩子建立和諧的親子關係。

如果你了解自己的孩子，那麼在對孩子進行教育時，就一定能找到較好的方法。

教子小徑：

1. 馬克．吐溫經常為孩子講故事，以使孩子獲得更多的知識。
2. 馬克．吐溫非常注意女兒在一些瑣碎事情上流露出來的情感，並且用一個專門的本子記錄下來，他覺得這樣可以幫助自己更好、更全面的了解孩子的成長過程和心理特徵，也可以加深父女之間的情感交流。
3. 為了提高女兒的寫作程度，馬克．吐溫經常有意安排一些錯誤，讓女兒來發現、改正。

名人教子名言：

個人的精神須常常加以洗刷，同時更有重新改造的必要，如果忘記，就會失去幸福。

——莫洛亞（Maurois）

渺小的精神太易受到瑣事的牽制，偉大的精神看到這一切瑣事卻不為其所累。

——拉羅希福可（La Rochefoucauld）

人類被賦予了一種工作，那就是精神的成長。

——托爾斯泰（Tolstoy）

雨果——必須讓他們明白人生的意義和成功的艱辛

雨果簡介：

維克多．馬里．雨果（Victor Marie Hugo，西元一八〇二至一八八五年），法國文學巨匠，十九世紀浪漫主義文學的旗手。他在少年時代就顯露出文學才能。雨果是十九世紀前期積極浪漫主義文學運動的領袖，法國文學史上卓越的資產階級民主作家。貫穿他一生活動和創作的主導思想是人道主義、反對暴力、以愛制「惡」，他的創作期長達六十年以上，作品包括二十六卷詩歌、二十卷小說、十二卷劇本、二十一卷哲理論著，合計七十九卷之多，為法國文學和人類文化寶庫增添了一份十分輝煌的文化遺產。其代表作是：《巴黎聖母院》、《悲慘世界》、《克倫威爾》和《克倫威爾．序言》，「序言」被稱為法國浪漫主義戲劇運動的宣言，是雨果極為重要的文藝論著。西元一八三〇年他據序言中的理論寫成第一個浪漫主義劇本《愛爾那尼》，它的演出標誌著浪漫主義對古典主義的勝利。

雨果教子故事：

雨果在家庭中一向以模範家長自居，且努力使自己在父愛、理財、治家、教育等各方面成為佼佼者。他常說：「我的家庭，就是我的幸福。」

雨果和妻子在婚後生有兩子兩女。他一方面為自己年紀輕輕就能享受天倫之樂而無比自豪；另一方面，他懷著一種很大的責任感，為養活一家六口而拚命寫作，創造金錢。

雨果不僅以浪漫主義的情懷向孩子揮灑父愛，而且以他精湛的詩藝把這種愛心訴諸詩歌，他一生為兒孫寫下了大量的詩歌。

像雨果這樣既嚴格教育子女又講究適當方法的人恐怕不多。這位天才很清楚自己的成功是多麼的來之不易，他雖不希望子女們像他那樣當大作家，但必須讓他們明白人生的意義和成功的艱辛。他用的方法是：「既要讓兒女服從命令，又要讓他們感受到父愛之心。」

在孩子的學習方面，他的要求是很嚴格的，尤其是拉丁語課。西元一八四〇年，當他得知次子弗朗索瓦在比賽中得了獎金時，他感到十分自豪，在百忙之中，他毫不猶豫的驅車趕回家中，與全家共同慶祝。

雨果勤奮耕耘著，也督促家人努力寫作。在他的影響下，長子夏爾不但能寫小說，還能寫劇本；次子弗朗索瓦埋頭翻譯莎士比亞全集；小女兒阿黛爾的日記也堅持不懈的記著。雨果一家簡直成了文學作坊。

雨果的生活向來都是緊張而熱烈，勤奮而富有節奏。詩人卓有成效的個人生活，對兒女本身就是一種薰陶。他樂觀的生活態度，毫不動搖的自信，亢奮的精神狀態，堅持冷水浴的頑強意志，筆耕不輟的勤奮勞作……隨便一個部分，對孩子都是一本活的教科書。

但是，就是這個百萬富翁，生活上常常儉樸得令人難以置信。雨果向來衣著簡樸，隨便而大方。他無法忘卻從前的貧困，他的錢除了養家，還拿來救濟別人。他家務開銷總數的三分之一幾乎都用來幫助他人。不難看出，雨果的「吝嗇」、「守財」，既是為了磨練意志，也是為兒女留下一個勤儉持家的榜樣。

育子點撥：

雨果對子女的教育是嚴厲的，但嚴厲中又不乏方法，這都出於父母對子女的愛。這一點，現在的家長或父母可以借鑑一二。下面，我們就如何嚴格教育子女而又不失關愛上進行一些論述。

父母關心愛護自己的孩子是人之天性。這種愛是培養孩子良好品德和行為的感情基礎，沒有這種愛，就談不上教育，就難以達到好的教育效果，但愛而不教，管而不嚴，自然也達不到教育的目的。因此，家長在教育孩子時，要注意把關心愛護和嚴格要求結合起來，做到愛而不溺，嚴而不厲。

一、愛而不溺

父母對自己孩子的關心愛護，應以有利於孩子身心健康為前提，離開這個前提就容易與望子成才的願望背道而馳。父母對孩子的愛應該是理智的、有分寸的，絕不能溺愛，否則，就會成為孩子身心畸形發展的禍根。

在現實生活中，不少家長把對孩子的關心愛護變成了溺愛，孩子讓家長做什麼，家長就做什麼，一切以孩子為中心，使孩子過著茶來伸手，飯來張口，好逸惡勞的懶惰生活，養成一種自私、任性、專橫、跋扈、為所欲為的不良品德和習慣，這些不良習慣任其發展下去，其後果是不堪設想的。有人說，對孩子的嬌生慣養、百依百順，是促進孩子走上不幸道路的開端。這是值得每位家長深思的。

家長對孩子要做到愛而不溺，應注意以下幾點：

第一，家長要有理智、有分寸的關心愛護孩子，既要讓孩子感到父母真摯的愛，使其感受到家庭的溫暖，能激發其積極向上的願望，又要讓孩子關心父母和其他家庭成員，以培養孩子的良好品德。

第二，家長要正確對待孩子的要求。人都是有需求的，而且是多方面的，往往也是無止境的。對孩子的需求要具體分析，要以家庭的實際經濟狀況和有利於孩子的身心健康為前提，不能百依百順，有求必應。過分滿足孩子的需求容易引發孩子過高的欲望，養成越來越貪婪的惡習。一旦父母無力滿足其需求時，勢必引起孩子的不滿，致使難以管教。當其欲望強烈而又得不到滿足時，就容易走上歪路，這是每位家長需要注意的。

第三，對孩子的合理要求，在一般情況下，就盡量給予滿足。如孩子要求買一些有利於成長知識，開發智力，豐富精神生活的兒童書畫及必要的生活、娛樂用品，一般應給予滿足。若家長一時難以辦到時，應向孩子說明理由。在教育孩子時，家長既要積極為促進孩子的身心健康創造條件，也要教育孩子注意節約儉樸，防止養成揮霍浪費的不良習慣。

二、嚴而不厲

關心愛護和嚴格要求對於培養孩子的良好品德和習慣是對立統一的兩個層面。前面講了如何關心愛護的問題，這裡再講一下嚴格要求的問題。

這裡的「嚴」不是「厲害」，不是打罵，我們所說的嚴格要求是根據孩子的發展程度和年齡特點，以取得良好教育效果為前提的。如果「嚴」得出了格，就會走向反面，為此家長必須遵循以下幾點：

第一，父母提出的要求是合理的，是符合孩子實際情況又有助於孩子身心健康的。要求四歲的孩子跟在父母身後走力所能及的路是可能的，但要求孩子與父母走得一樣快一樣遠就不合理了。

第二，父母提出的要求必須是適當的，是孩子透過努力可以做到的，若要求過高，孩子即使透過努力也無法達到，就會使孩子喪失信心，也就起不到教育效果。

第三，對孩子的要求必須明確具體，讓孩子明白應該做什麼，怎麼做，不能模稜兩可，讓孩子無所適從。

第四，父母對孩子的要求一經提出，就要督促孩子認真做到，不能說話不算話，或者做也行，不做也行，而是一定要讓孩子做到，否則就起不到教育效果。

嚴格教育的出發點是因為愛。當然嚴格教育也不能隨心所欲，要「嚴而有理」、「嚴而有度」、「嚴而有方」、「嚴而有恆」。畢竟孩子自己才是成長的主體，讓孩子在自己的實踐中學習，去收獲成功，也去體驗失敗。父母的責任是給予孩子幫助、支持、鼓勵以及必要的保護，但是要恰當、巧妙、自然，既講究理性，也講究感性，才能收到好的效果。

教子小徑：

1. 雨果對子女的教育方式是：既要讓他們服從命令，又要讓他們感受到父愛之心。這種方法是非常值得借鑑的。

名人教子名言：

在一個母親身上有些東西是沒有理性的，同時，也有些東西超出了一般理性。

——雨果（Hugo）

母愛是一種巨大的火焰。

——羅曼．羅蘭（Romain Rolland）

孩子受到母親的照顧，感覺到愉快。愛的種子就在孩子心裡發展起來了。

——裴斯泰洛齊（Pestalozzi）

第六章 技巧——非標準方法所贏得的

雨果——必須讓他們明白人生的意義和成功的艱辛

國家圖書館出版品預行編目（CIP）資料

他受傷了，你卻什麼都不知道：你的完美安排，不能成為孩子的未來 / 洪春瑜，才永發著. -- 第一版. -- 臺北市：崧燁文化，2020.07
面； 公分
POD 版

ISBN 978-986-516-408-9(平裝)

1. 親職教育 2. 親子關係

528.2　　　　109009824

書　　名：他受傷了，你卻什麼都不知道：你的完美安排，不能成為孩子的未來
作　　者：洪春瑜，才永發 著
責任編輯：柯馨婷
發 行 人：黃振庭
出 版 者：崧燁文化事業有限公司
發 行 者：崧燁文化事業有限公司
E - m a i l：sonbookservice@gmail.com
粉 絲 頁：　　網 址：
地　　址：台北市中正區重慶南路一段六十一號八樓 815 室
8F.-815, No.61, Sec. 1, Chongqing S. Rd., Zhongzheng
Dist., Taipei City 100, Taiwan (R.O.C.)
電　　話：(02)2370-3310 傳　真：(02) 2388-1990
總 經 銷：紅螞蟻圖書有限公司
地　　址: 台北市內湖區舊宗路二段 121 巷 19 號
電　　話:02-2795-3656 傳真 :02-2795-4100　網址：
印　　刷：京峯彩色印刷有限公司（京峰數位）

定　　價：299 元
發行日期: 2020 年 07 月第一版
◎ 本書以 POD 印製發行